Parlons lak

Parlons…

Collection dirigée par Michel Malherbe

Dernières parutions

Parlons shor, Saodat DANIYAROVA, 2012.
Parlons bouriate. Russie-Baïkal, Galina DRUON, 2012.
Parlons shina, Karim KHAN SAKA, *2012.*
Parlons batak, Yetty ARITONANG, 2011.
Parlons kimbundu, Jean de Dieu N'SONDE, 2011.
Parlons taiwanais, Rémy GILS, 2011.
Parlons iaaï, Daniel MIROUX, 2011.
Parlons xhosa, Zamantuli SCARAFFIOTTI, 2011.
Parlons géorgien, Irina ASSATIANI et Michel MALHERBE, 2011.
Parlons tedim, Joseph RUELLEN, 2011.
Parlons serbe, K. DJORDJEVIC, 2011.
Parlons talysh, Irada Piriyeva, 2010.
Parlons gagaouze, Güllü Karanfil, 2010.
Parlons dogon, Denis Amadingue DOUYON, 2010.
Parlons nheengatu, Ozias AlvesJr., 2010.
Parlons tpuri, Kolyang Dina TAIWE, 2010.
Parlons sakha, Émilie MAJ et Marine LE BERRE-SEMENOV, 2010.
Parlons arabe libanais, Fida BIZRI, 2010.
Parlons fang. Culture et langue des Fang du Gabon et d'ailleurs, Cyriaque Simon-Pierre AKOMO-ZOGHE, 2010.
Parlons amis, Rémy GILS, 2010.
Parlons wakhi. Culture et langue du peuple wakhi – Pakistan, Afghanistan, Tadjikistan et Chine, Karim KHAN SAKA, 2010.
Parlons twi. Langue et culture, Kofi ADU MANYAH, 2009.
Parlons akyé bodin, Firmin AHOUA & Patrice ACHIE BROUH, 2009.
Parlons balinais, Made Windu Antara KESIMAN, Michel MALHERBE, 2009.
Parlons slovaque, Etienne BOISSERIE, Diana JAMBAROVÁ et Vlasta KŘEČKOVÁ, 2009.
Parlons néwari, Sushila MANANDHAR, 2009.

Kamil Tchalaev

Parlons lak

Caucase, Daghestan

L'Harmattan

5-7, rue de l'Ecole-Polytechnique, 75005 Paris

http://www.librairieharmattan.com
diffusion.harmattan@wanadoo.fr
harmattan1@wanadoo.fr

ISBN : 978-2-296-99064-7
EAN : 9782296990647

À la mémoire de mes grands-parents
Tchalla Baza *(1891-1966)*
Raziat *(1901-1976)*

Khosrekh (district Lak), la traverse d'une porte ;
ouvrage en pierre sculptée, XVIIe siècle, photo © Djabraïl Chalaev

Avant-propos

Michel Malherbe, directeur de la collection « *Parlons...* » de l'Harmattan, m'a sollicité pour produire ce livre car la langue lak, aussi rare qu'inconnue en Occident, est celle d'une partie de mes ancêtres.

A Moscou, où je suis né en 1962, la pratique de cette langue était pour moi plus qu'improbable, et je ne l'ai entendue dans mon enfance que lors de mes rares escapades en pays lak. J'avais cependant à cœur de faire connaître ce peuple qui est le mien. Comme dans tous les livres de la collection, le lecteur trouvera des éléments d'information aussi abondants que possible sur l'histoire, les croyances et les coutumes. A cet effet, nous avons procédé à une large confrontation de documents anciens et récents disponibles.

A l'origine de notre entreprise, nous ne disposions que des livres « La Grammaire lak » de G. Mourkelinski (Makhatchkala 1971) et deux dictionnaires, lak-russe de S. Khaïdakov (Moscou, 1962) et russe-lak de N. Djidalaev (Moscou, 1987). Au fur et à mesure de notre travail de comparaison, s'est révélée à nous une somme considérable de recherches et publications, travaux universitaires, initiations, méthodes, articles et descriptions comparatives et encyclopédiques sur la langue lak, réalisée par une pléiade de scientifiques, amateurs et amoureux de cette culture antique minoritaire, qu'elle soit maternelle ou acquise. On s'aperçoit que la langue lak est relativement bien étudiée dans le monde à travers d'innombrables travaux philologiques bien savants ; nous publions à la fin une bibliographie sélective.

La partie linguistique de l'ouvrage a été relue et corrigée par Madame Patima Kardashova, professeur de lak, Maître de conférences à l'Université Nationale de Makhatchkala. Nous lui devons également un nombre de publications et études sur le lak, qu'elle nous a fait parvenir depuis le Daghestan sous forme numérique.

Je tiens à remercier Kalaguseyn Guseynov, maçon opératif et constructeur, natif du village de Khosrekh, pour sa contribution active à la composition et la naissance du livre, ainsi que Monsieur Alexeï Gajiev, pilote professionnel, amateur et zélateur de la langue lak, pour ses précieuses remarques et son regard critique. C'est à lui que nous devons la lettre d'avertissement.

Djamal Chalaev, physicien chercheur de la diaspora lak en Ukraine, nous a procuré un corpus remarquablement complet des recherches historiques sur le Caucase, réalisées et publiées par les savants de l'Empire russe dès la seconde moitié du XIXe jusqu'au début du XXe siècle. Cette vaste série de cahiers édités à Tbilissi, collectés et conservés à l'Université de Harvard et numérisés par les bons soins de Google, contient une mine d'informations détaillées sur les langues, mœurs, folklores et statistiques des peuples du Caucase de l'époque. Le contenu des articles de P. Uslar et surtout S. Gabiev et A. Omarov nous a inspiré tout au long de la description historique.

Mesdames Elmira Bagduev, Muminat Ramazanova et Zagrani Abdullaeva nous ont apporté également d'importantes corrections et contributions en lak. Je leur exprime toute ma reconnaissance pour leur aide amicale et désintéressée.

Mes remerciements pour les corrections en arabe vont à Nabil Boutros et Reem Sadaoui, ainsi qu'à Monsieur Edouard Pellet pour ses remarques. Pour la partie *ajami*, c'est Bahman Panahi qui nous a offert non seulement sa belle calligraphie du mot LAK sur la couverture, mais surtout sa compétence et son sens de la transmission. Une pensée toute particulière à Daniele Marco Bevar, informaticien, sans qui je n'aurais jamais pu terminer cet ouvrage. Enfin, merci à Nathalie Lefevre pour ses relectures et ses corrections bienveillantes.

Kamil Tchalaev
Paris, mai 2012

Avertissement

J'apprécie bien l'idée de votre livre ainsi que le style de la collection. Vous avez requis mon avis sur cette entreprise. Cela mérite quelques remarques. Les professeurs à l'école et à l'université n'enseignent pas à leurs étudiants une langue lak littéraire, mais chacun présente sa propre variante dialectale, parfois différente de l'idiome de Kumukh. Ce dernier n'est pas un dialecte proprement dit mais une « langue commune », comme la **koinè** de la Grèce antique.

Les manuels universitaires laks et les articles des savants lakologues n'ont guère d'unité. La langue standardisée et normative, littéraire ou plutôt « langue de littérature », n'est pas celle des journaux et magazines. Chaque édition s'exprime en sa propre version. Un siècle et demi d'études savantes de la langue lak n'ont pas avancé d'un seul pas vers sa forme standardisée et normative. Les scientifiques sont préoccupés par l'étude et l'enseignement de leur « langue maternelle » (**ниттил маз**). Les poètes et écrivains emploient la langue entendue depuis leur berceau.

Les autorités des conseils éditoriaux de la presse écrite semblent ne pas vouloir s'en apercevoir. Sur une seule page d'un journal, on peut rencontrer trois ou quatre variantes de l'écriture du même mot. Dans les propositions interrogatives, les formes anciennes ont disparu et on trouvera, par exemple, pour dire *qui est venu* ? - **цу увкIур?** ou bien **цу увкIри?** au lieu de **цу увкIрив?** où le **в** final marque une interrogation.

Dans la langue lak, il existe quatre classes grammaticales qui nécessitent des accords. Selon le professeur L. I. Jirkov, y figure une cinquième classe qui n'a qu'un seul et unique mot : **къатта** (singulier, groupe **бур** ; pluriel **къатри** groupe **дур**). Cet *informatif* d'origine kumukh a égaré le professeur ; dans d'autres dialectes ce miracle est absent. Les enseignants et les professeurs n'observent pas toujours les classes : ils n'emploient qu'une seule pour tout, par exemple **жула**, *notre*, (1re classe, masculin, groupe **ур**): **жула уссу**, **жула ссу**, **жула нину**, **жула ватан**, **жула къатта**, **жула къатри** etc.

On a publié récemment une méthode d'auto-apprentissage « **Лахьхьи вила ниттил маз** » (littéralement « *Apprends ta langue maternelle* »). Ici le pronom ne s'accorde avec rien, ce que l'auteur déclare déjà dans le titre. De même, on ne distingue plus la marque de la 1re classe masculine **'в'** ou nul, et l'exposant de la 3e classe féminine **б**. Par exemple, on dit en lak de Khosrekh, **вила уссу, чIиви оьрчI** (*ton frère, petit garçon*), **вилба ссу, чIиби душ** (*ta sœur, petite fille*) alors qu'à Kumukh, en langue dite littéraire, c'est **вила уссу, чIиви оьрчI**, **вила ссу, чIиви душ**. La distinction des classes n'est donc plus présente.

Dans la langue de Kumukh, le **б** en position intervocalique se transforme en **в**. Mais en pratique, on constate un peu partout l'absence de différences des marques de classes, et l'on ne tient pas compte des phonèmes sémantiques ni de l'étymologie. Par exemple, **кьурван** (**кьурбан**, *sacrifice*), **Кяъва** (**Кяъба,** *Ka'ba*), **АьвдурахIман** (АьбдурахIман, *Abdurahman*), **XIавиват** (XIабибат, *Habibat*), **Кьилва** (Кьилба, *Qibla*), **аьрава** (аьраба, *charrette*), **кавав** (кабаб, *kebab*), **илвис** (*иблис*, *diable*), **ссавур** (ссабур, *patience*), **ливас** (*либас*, *vêtement*), **къаван** (къабан, *sanglier*) ; **Вагьав** (Вагьаб, *Wahhab*) etc.

Selon les normes de orthoépie lak, le **ф** se change en **п** dans les mots d'emprunt. Par exemple, **Патимат** (*Fatima*), **пил** (*фил*, *éléphant*), **пикри** (*фикр*, *pensée*), **инсап** (*инсаф*, conscience), **париза** (*фариза*, *devoir*), **Шарип** (*Шариф*, S*hérif*), **Шарапуттин** (*Шараф-ад-дин*, S*harafaddin*). Pourtant, ce dernier nom dans le dialecte de Kumukh a pris la forme de **Шарабуттин** (S*harabuttin*), en métamorphosant de manière étrange la signification de « grandeur de la foi » en « vin » (**шараб**, *sharab*) ou « alcoolique » (*sharrab*) ; une complaisante allusion à la véritable croyance des combattants de Kazi-Kumukh ?

Les pronoms d'indication spatiale **ва**, **кIа**, **га**, **та му** (*ce*) possèdent au pluriel un suffixe **-й**, à savoir **вай**, **кIай**, **гай**, **тай**, **мий** (*ceux-là*). Pour quelle raison dans l'écriture, notamment universitaire, le pronom **ми** de cette séquence est-il dépourvu de ce suffixe du pluriel ? La réponse est « pour ne pas confondre avec **мий** (*là-bas*, *en haut*) ».

Ainsi la langue universitaire refuse-t-elle l'homonymie ?!

Toutes ces bizarreries se rencontrent chez les spécialistes. Dans le rôle du « non spécialiste passionné », j'ai publié plusieurs articles sur la grammaire de la langue lak, autour des questions mentionnées plus haut brièvement, ne suscitant aucune réaction des milieux linguistiques. J'ai interrogé plusieurs savants par écrit ; ils se sont dits d'accord mais ne manifestent nulle intention de nettoyer ces écuries d'Augias linguistiques.

Peut-être ma vision est-elle quelque peu émotionnelle, mais aujourd'hui la langue lak est véritablement laissée pour compte. Shirvani Tchalaev, compositeur et intellectuel lak, comprendrait bien ce que je veux dire. Nous nous sommes entretenus à maintes reprises avec les académiciens de la section daghestanaise de l'Académie Russe des Sciences. J'ai rencontré également Professeur Victor Friedman de l'université de Chicago, dont l'approche scientifique n'est pas reconnue par certains lakologues, à cause de sa spécialisation en typologie linguistique qui n'est pas fondée sur une véritable connaissance de locuteur natif de la langue. Ils ne sont pas d'accord non plus avec Kibrik de l'Université Lomonossov de Moscou dont le célèbre problème de déclinaison des pronoms spatiaux n'a jamais été résolu par les journalistes de la presse lak, fidèles élèves de l'université du Daghestan. Tout ceci provient du fait que les journalistes écrivent et parlent une forme vernaculaire de la langue, proche de leurs dialectes, alors qu'il s'agit davantage, comme dans le cas de V. Friedman, d'une recherche typologique, une approche scientifique qui n'a pas les honneurs de l'université.

Comment procéder pour cette édition française au sujet de cette langue ? Les auteurs se sont efforcés de ne pas la présenter dans une forme fictive ou surannée. Nonobstant, le lecteur devrait garder présent à l'esprit mes remarques. Les particularités de la langue lak méritent bien des précautions.

Alexeï Gajiev
traduit du russe

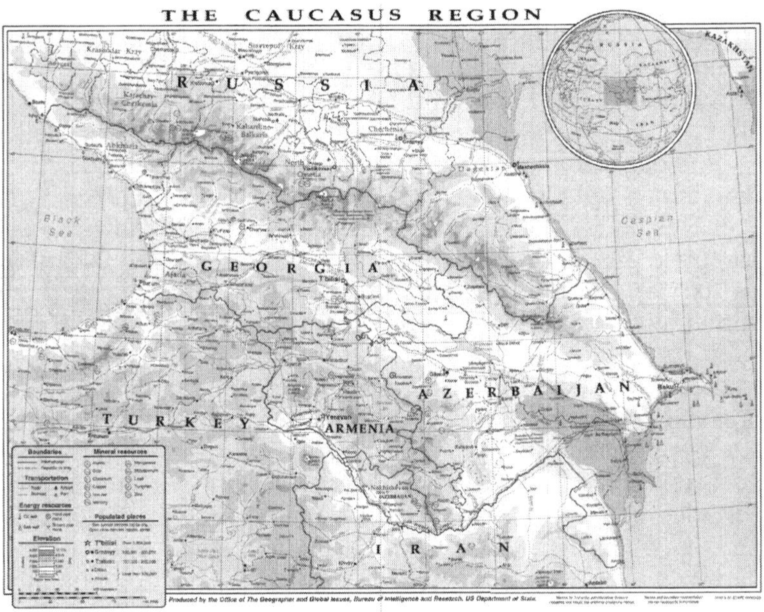

Carte de la région, ® The University of Texas at Auston, 1994

Introduction

Il faut avoir de sérieuses connaissances en géographie pour situer sans hésitation sur la carte le peuple Lak. Même le nom d'Avars, celui d'une des ethnies voisines, majoritaire dans la région, évoque aux Français plutôt Molière que le Caucase.

Les Laks sont un des peuples du Daghestan, république la plus méridionale de la Fédération de la Russie, qui commence sur les bords de la mer Caspienne et se termine dans les massifs du Haut Caucase. Ils sont actuellement au nombre de 150.000 environ. Leur langue, dont nous allons découvrir toute l'originalité et aussi la complexité, appartient au groupe nakho-caucasien, une famille linguistique à part, en parenté avec le tchétchène. Le lak ne constitue d'ailleurs que l'une des quelque 40 langues du Daghestan, considéré par les Arabes comme la « montagne des langues ». Les Laks sont musulmans sunnites de la branche shaféite[1], avec une composante soufi. La plupart d'entre eux parlent couramment le russe, langue officielle au Daghestan, et certains ont de bonnes notions d'arabe pour des raisons religieuses.

Pour des raisons démographiques, de nombreux Laks vivent désormais en dehors du Daghestan. On évalue la diaspora à 70% de l'ethnie.

Suivant les différentes périodes des dominantes socioculturelles, la proto-langue lak a subi les influences tout au long des siècles et absorbé divers emprunts (iranien, khazar, turc, arabe, russe et désormais anglo-américain). La maîtrise de la lecture du cyrillique requise aujourd'hui est une exigence supplémentaire à l'étude du lak pour un large public, probablement moindre que s'il se notait en caractères *ajami* d'usage millénaire ; nous avons toutefois préféré l'exposer dans ses états actuels. Pendant dix ans le lak s'écrivait également en lettres latines.

1 Les sunnites se séparent en quatre écoles de jurisprudence *(fiqh)* orthodoxes, qui rivalisent pour commenter de la façon la plus parfaite la sunna : hanafisme, shafiisme, malékisme, hanbalisme. Les écoles shaféite et hanbalite, conservatrices, s'attachent à la valeur littérale des textes et refusent l'innovation personnelle. Les écoles malékite et hanafite admettent l'interprétation personnelle par analogie. L'école hanafite est la plus répandue (Turquie, Inde, Chine, Asie centrale), suivie de près par l'école shaféite (Insulinde, Basse-Égypte, Arabie du Sud, Jordanie, Afrique orientale, Afrique du Sud). L'Afrique noire et l'Afrique blanche (méditerranéenne) sont rattachées à l'école malékite. Le nombre des adeptes du hanbalisme est infime (Arabie Saoudite).

Langues du Daghestan et nombre de locuteurs

Sont considérées comme langues officielles du Daghestan celles qui ont une littérature écrite. Elles sont au nombre de 14, soit le russe, l'azéri, l'avar, l'agul, le darghin, le kumyk (du groupe turc), le lak, le lezghi, le nogaï, le rutul, le tabasaran, le tat (du groupe iranien), le tsakhur et le tchétchène.

Le tableau en-dessous donne une idée des rapports de parenté entre les nombreuses langues du groupe caucasique oriental. Les noms en italique sont ceux de sous-familles.

Le groupe le plus ancien comprend les branches nakh et lezghien ainsi que le khinalug, le lak et le darghin (dargwa). Le nakh comprend le bats et le sous-groupe vaïnakh composé du tchétchène et de l'ingouche.

Le lezghien comprend l'artchi et la famille samur, elle-même divisée en occidentale, méridionale et orientale. A l'Ouest, on trouve le tsakhur et le rutul. Au Sud, le kryts (ou kryz) et le budukh et à l'Est l'udi, le lezghi, l'aghul et le tabasaran.

Le groupe le plus récent comprend l'avar et les sous-groupes du tsez (avec le hinukh, le bejta, le hunzib et le khwarshi) et celui de l'andi (avec le botlikh, le ghodoberi, le bagwalal, le shamalal, l'akhwakh, le karata et le tindi.

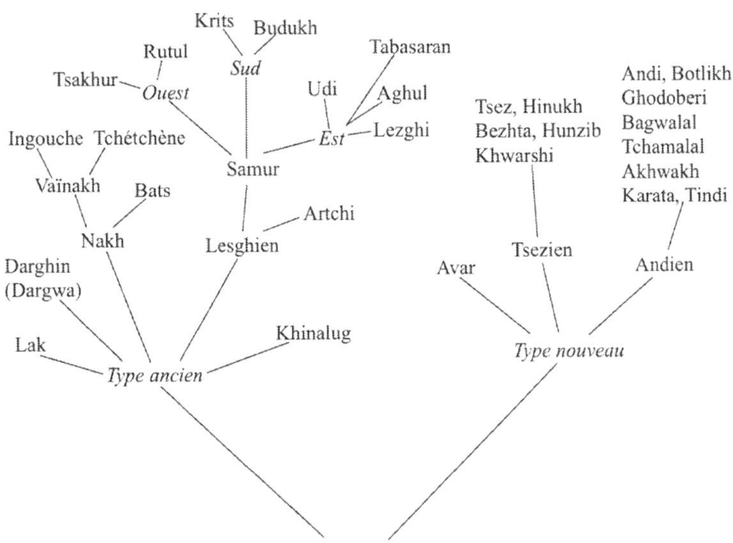

Langues du Caucase de l'Est

Langues avaro-anda
avar (600.000)
andi ou qwannab (10.000)
akhvakh (3.500)
bagvala ou kvanada ou bagulal (6.000)
botlikh (5.000)
godobéri (3.000)
karata ou karati ou kirdi (5.000)
tindi ou tindal (6.700)
tchamalal (5.000)

Langues lako-darghiennes
darghi (430.000)
lak (150.000)

Langues lesghiennes
agul (28.000)
artchi (1.200)
budukh (1.000)
kryz (7.000)
lezghi (400.000)
rutul (30.000)
tabasaran (100.000)
udi (5.000)
khinalug (2.000)
tsakhur (15.000)

***Langues tsèzes** (dido)*
bejita ou kapushta (2.500)
ginukh ou hinukh (550)
gunzib ou hunzib (2.000)
khvarshi (1.870)
tsez ou dido (15.400)

Nota bene
Toutes les traductions françaises sont de l'auteur, excepté les cas spécifiés.

Le principe de la lecture des noms propres :

U (u) = **ou** français (Rutul = *Routoul*)
Sh (sh) = **ch** français (Shunimi = *Chounimi*)
Tch = [tch] **ч** *russe*
Kh = [kh] **x** *russe*
S entre deux voyelles = [**s**] non sonore
N final = [nn]
Gh reste [g] (dans Daghestan et Lezghi)

Les nombres sont inscrits avec un point (654.321)

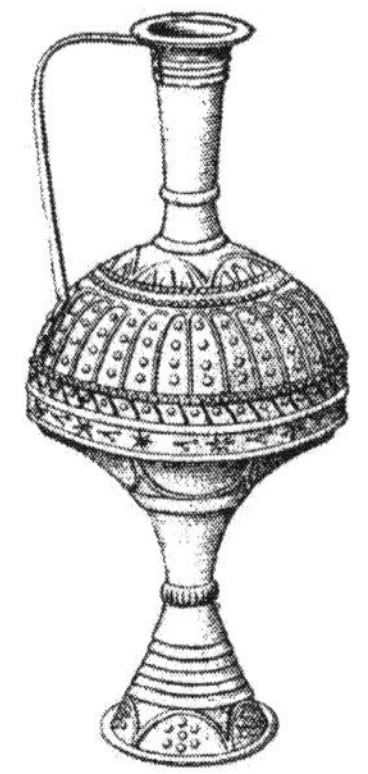

I

Carte topographique du Daghestan, © GFDL Bourrichon

PREMIÈRE PARTIE
Description de la langue

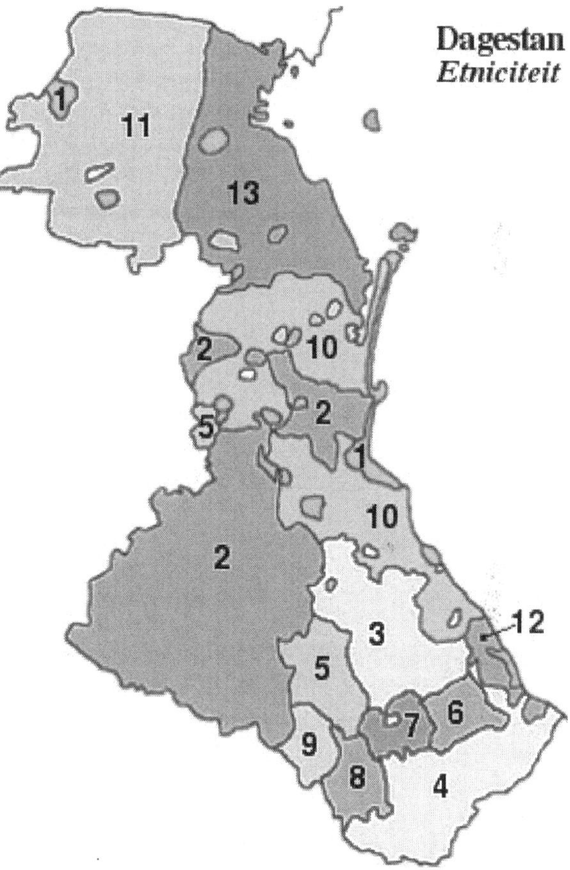

Le lak appartient au groupe des langues anciennes du Nord-Est du Caucase, comme le tchétchène, l'ingouche et la plupart des langues du Daghestan (langues nakho-daghestanaises). Il est proche du darghin. Ses origines se perdent dans la nuit des temps.

1- « *смешанное* » *mixte*, 2-ярусса *avar*, 3-дарги *darghin*, 4-курал *lezghi*, 5-лак *lak*, 6-табасаран, *tabasaran* 7-агъул *agul*, 8-рутІул *rutul*, 9-цІахъюр *tsakhur*, 10-къумукь *kumyk*, 11-нугъай *nogaï*, 12-азирбижан *azéri*, 13-оьрус *russe*

Écriture

Après la conquête arabe au VIIIe siècle, la langue lak commence à s'écrire avec la graphie arabe mais celle-ci ne fut en usage courant qu'au XVe siècle ; les premiers dictionnaires lak-arabe apparaissent vers 1600.

En 1890, le linguiste et ethnologue Piotr Uslar édite à Tbilissi la première étude monographique russe sur la langue lak ; il opte pour un système cyrillique complété par de nombreux signes diacritiques et quelques lettres géorgiennes.

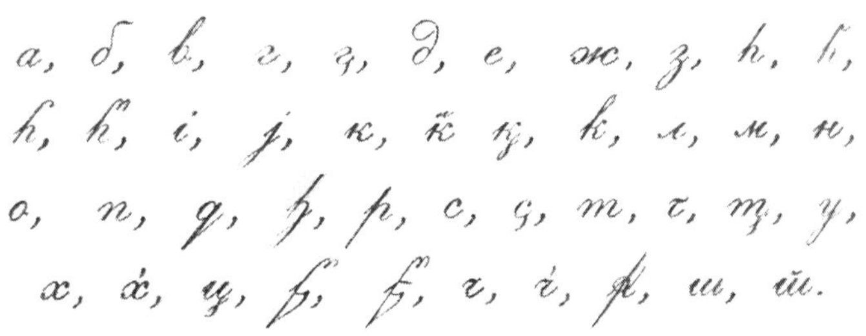
Лакская азбука.

*а, б, в, г, г̧, д, е, ж, з, h, ћ, ɦ, ɦ̃, і, ј, к, к̆, к̧, ƙ, л, м,
н, о, п, q, ђ, р, с, ç, т, т, ţ, у, х, х̇, ц, ц̇, ƅ, ч, ч̇,
ч̀, ш, ш̆.

L'usage de l'alphabet arabe ***ajami*** pour les langues non arabes (***ajam***, *perse*) était effectif chez les Laks jusqu'en 1928. Cette année là, Mustafa Kemal Atatürk entreprend sa « Révolution des signes » (***dil devrimi***), interdit ***l'ajami*** en usage en Turquie ottomane depuis des siècles, et impose l'alphabet latin élargi ; cette réforme s'applique aux peuples turcophones de l'URSS et par ricochet, à toutes les autres langues caucasiennes écrites, dont le lak (cela ne concerne ni l'arménien ni le géorgien).

En 1938 arrive une nouvelle réforme en URSS, qui décrète cette fois l'usage universel de l'alphabet cyrillique adapté ; pour le lak, on ajoute notamment le signe diacritique I. Pourtant, les lettres **I i**, **Ѣ** et **Ѳ**, prêtant à l'homophonie avec **и**, **е** et **ф**, ont été déjà exclues par la réforme de l'orthographe, initiée à l'Académie impériale en 1911 et officialisée par décret de Lunatcharski en 1918. Par conséquent, absentes des claviers dit **йцукен** des machines à écrire qui seront fabriquées en URSS, pour le script lak, c'est le chiffre **1** qui joue le rôle de **I** ; cette pratique est maintenue sur internet. Comme il a été dit, nous allons garder tout au long de notre livre l'écriture lak officielle.

Voici l'alphabet lak actuel, composé de 55 lettres (majuscules suivies de minuscules) :

А а Аь аь Б б В в Г г Гъ гъ Гь гь Д д Е е Ё ё Ж ж З з И и Й й К к Кк кк Къ къ Кь кь КI кI Л л М м Н н О о Оь оь П п Пп пп ПI пI Р р С с Сс сс Т т Тт тт ТI тI У у Ф ф Х х Хх хх Хъ хъ Хь хь Хьхь хьхь ХI хI Ц ц Цц цц ЦI цI Ч ч Чч чч ЧI чI Ш ш Щ щ Ъ ъ Ы ы Ь ь Э э Ю ю Я я

Cet alphabet est décomposé de 33 lettres simples et 22 doubles dont :

Voyelles
а / **аь** / **е** / **ё** / **и** / **о** / **оь** / **у** / **ы** / **э** / **ю** et **я.**

Consonnes
б / в / г / гь / гъ / д / ж / з / й / к / кк / къ / кь / кI / л / м / н / п / пп / пI / р / с / сс / т / тт / тI / ф / х / хх / хъ / хь / хьхь / хI / ц / цц / цI / ч / чч / чI / ш et щ.

Lettres
ь / **ъ** et le signe **I** (qui n'a pas de valeur propre dans l'alphabet et signifie les abruptifs).

Ces trois diacritiques **ь, ъ** et **I** forment les combinaisons des lettres, qui expriment les sons spécifiques laks.

Le **ь / ъ** sont utilisés à leur place dans les emprunts au russe. Dans les emprunts des mots arabes, **ъ** correspond au coup de larynx (***hamza*** stable arabe) : **Муъминат** *nom propre féminin*, **мяълумсса** *célèbre*.

Les lettres **о / ф / ы** ne sont utilisées que pour les mots russes. Les lettres **е / щ / э**, également présentes dans les emprunts du russe, transcrivent les sons typiquement laks : **щ** représente un **ш** géminé (redoublé). Un autre ***hamza*** léger se transcrit en lak par la lettre **э** comme dans **Саэд** *prénom masculin*, ou **элму** *science*, et à travers le **е** central dans **мечI** *ortie*, **нех** *rivière*.

Les **ю / я** tout en préservant leur sonorité russe, peuvent rendre en lak les diphtongues ya **йа** / yu **йу** dans **юрухъ** *collation* et **ярагъ** *arme*, *outil*.

Classification des six phonèmes laks :

Postérieures	**а** (long) **у**
Antérieures	**и, э//е, аь, оь**
Centrales	**а** (bref)
Labialisées	**у, оь**
Non labialisées	**а, и, э//е, аь**
Laryngées	**аь, оь, э//е**
Non laryngées	**а, и, у**

Les **voyelles** laks sont brèves ou longues. Sans être marquée dans l'écriture, leur longueur détermine la fonction sémantique : **та** *lorsque*, **та** (**а** long) *celui*, **махъ** *mot*, **махъ** (**а** long) *derrière*. La prolongation d'une voyelle marque aussi un superlatif dans les adjectifs : **хъунмасса** *grand* **хъунмасса** (**а** long) *très grand ;* **лахъисса** *long* **лахъисса** (**и** long) très *long* **бюхттулсса** *haut* **бюхттулсса** (**у** long) *très haut*.

Le son **а** peut avoir plusieurs prononciations.

Long, il sonne comment le **a** avec accent tonique russe, ou le â français : **арх** *égout* **ахир** *la fin*, **авадансса** *riche*, **ага** *maître, seigneur* ; idem dans les emprunts directs au russe **автобус**, **автомобиль**. Bref, il sonne comme le **a** russe non accentué, une sorte de *e* muet. Après les consonnes **хI**, **л**, **д**, **кI**, **чI**, **цI** il devient palatal, plus proche du **æ** : **ламу** pont **хIаллу** natte **кIалаш** *charbon*. Devant le **й**, le **а** devient **ê** : **занай ур** [zanêï our] *il marche*, **зай** [zêï] *malédiction*, **балай** [balêï] *la chanson* ; **а** devant le **в** se prononce proche du son **o** français: **ав** [ow] *la chasse*, **авчи** [owtchi] *chasseur*, **бавш** [bowch] *bleu*. L'orthographe actuelle ne marque aucune distinction. Pour la plupart des cas, le **a** lak sonne plus au moins comme une sorte de compromis entre le **e** et le **o** français, mi-ouverte non arrondie postérieure [ʌ] ou centrale [ɜ], avec des variantes dialectales. V. Friedman note en phonétique le **a** bref comme [ə].

Le **и** après les laryngées **къ, гъ, кь, х, хь, хI** sonne plus proche de **e,** un peu comme le **e** allemand dont l'audition fait soupçonner un **i : гъира** [gh'era] *chasse* **кьяркьи** [quarquié] *crasse*. Le **y** après les mêmes consonnes et surtout après le **хI**, sonne entre le **ô** et le **ou** français : **гъулутин** [gh'oloutine] *se tacher*. La même remarque pour l'orthographe qui demeure inchangée.

Nous avons déjà mentionné le ***hamza*** arabe qui se transcrit par les lettres **э//е**. Comme il s'agit du même son ***'ayn***, la règle d'orthographe lak prescrit l'usage du **е** au milieu des mots et après les consonnes, et le **э** au début des mots et après les voyelles.

Quant aux **аь** et **оь**, elles se rencontrent au début ou au milieu du mot, essentiellement après les consonnes, surpassant rarement la première syllabe. Après les consonnes, elles sonnent moins laryngées, plus proches des diphtongues **я** [ya] **ю** [yu] par lesquels elles sont d'ailleurs remplacées dans la graphie.

Le **аь** sonne comme une version laryngée et postérieure du **a** bref, en quelque sorte proche des *-in* ou *-un* français, faisant totalement abstraction du *n* final : **аьрщи** *terre*, **аьш** *ligne*, **бяр** *étang*, **кIяласса** *blanc* ; **дя** *milieu*, **мя** *crochet* **ня** *cerveau* **ля буккан** *se craqueler*.

Pour les noms suivants, **аь** se trouve en position finale ou centrale : **тIааьн** *goût*, **Мааьбия** *prénom masculin*, **Мааьзат** *prénom féminin*.

Le **оь** ressemble plus à *-en* français final ou le *ö* postérieur allemand. Rarement placé au milieu du mot après une voyelle ou à la fin après une consonne : **оь** *sang*, **оьрчI** *garçon ;* au milieu peut donner **дюъ** *raison,* **кIюрх** *matin.*

Différences dialectales

Dans le dialecte balkhar, les phonèmes **э** et **о** remplacent **а** et **у** : le **кь** suivi d'un **и** ou précédé d'un **у** est occulté, à cette place seules se font entendre les voyelles **э** ou **о**.

traduction	Balkhar	Kazi-Kumukh
jour	**эни**	**кьини**
quatrième fois	**моэлчин**	**мукьилчин**
cacher	**доан**	**дукьан**
se fondre	**бэслан**	**баслан**

L'alternance des voyelles se produit dans les déclinaisons :

[a]	>	[y]
nominatif		génitif actif
къаз (*oie*)		**къузурил** (*d'oie*)
бархI (*dos*)		**бурхIал** (*du dos*)
[я]	>	[ю]
nominatif		génitif
бярч (veau)		**бюрчулил** (… *de veau*)
[y]	>	[a]
цIу (*feu*)		**цIарал** (… *de feu*)

Les diphtongues laks sont de deux types :

ascendant **[ja]**
я *oeil* ; **яхьун** *avoir vécu* ; **ябан** *préserver* ;
Юсуп *prénom pers. masc.* ; **буюр** *ordre*

descendant **[aj]**
къалай *étain* **; тай** *ils* **; тIий** *parlant*,
нузкьунттуй *sur la porte*

Consonnes

On compte 41 phonèmes de consonnes dans le lak littéraire. Cette richesse constitue la particularité de toutes les langues du Caucase, en comparaison avec des langues indo-européennes.

Les consonnes **б** / **пI** / **п** / **пп** / **в** / et **м** sont des labiales ; **д** / **тI** / **т** / **тт** / **цI** / **ц** / **цц** / **з** / **с** / **сс** / **н** / **л** des dentales (dont **л** est aussi latérale) ; **чI** / **ч** / **чч** / **ж** / **ш** / **щ** / et **р** des alvéolaires ; **г** / **кI** / **к** / **кк** / **хь** / **хьхь** et **й** des vélaires ; **кь** / **хъ** / **къ** / **гъ** / **х** et **хх** des uvulaires ; **хI** est la pharyngale tandis que **ъ** et **гь** sont des laryngales.

Selon leurs origines phonologiques, on distingue

sonores	**м, н, л, р**
vibrantes	**р, х, хх**
aspirées	**в, з, с, сс, ш, щ, х, й, хь, хьхь, гъ, хI, гь**
immédiates	**б, п, пп, пI, д, т, тт, тI, г, к, кк, кI, хъ, кь, ъ**
affriquées	**ц, цц, цI, ч, чI, ч**

La graphie **гь** rend le *h* final de *Allah* en arabe. Le **хь** correspond au ***х*** russe, à la ***jota*** espagnole ou au ***haben*** allemand. Les autres lettres se prononcent, pour l'essentiel comme leur équivalent russe, étant entendu que les lettres doubles « géminées » marquent une intensification de leur prononciation.

On rencontre parfois des transcriptions du lak en lettres latines. Voici quelques équivalences diacritiques des lettres laks, utilisé dans la philologie anglophone

š = ш	**š : = щ**
c = ц	**c' = цI**
č = ч	**č : = чч**
č' = чI	**ğ = гь**
g : = гъ	**g = г**
h = гь	**k' = кI**
ö = оь	**q = хь**
q' = хI	**q : = кь**
t : = тт	**y = й**

ŞŞALLA SOJUZRAL SOVETIRTTAL
VIII-MUR S'EZDRAJ SSSR-DANUL

KONSTITUSIJALUL PROEKTRAJA

HAL. STALINNUL I. V. DOKLAD

25 NOJABR 1936 ş.

Hal. STALIN tribunalin lavӿukun zaldanu busiri bivzun ӿummassa həllaj ӿatru rişlaj ovasija buna. Harsa culuxa vevţi bija: „Halmaxcu STALINNUN hurra!", „Zullu xunnav h. STALIN!", „Zullu xunnav ӿunassa STALIN!", „Ӿunassa geninən h. STALINNUN hurra!", „Vivat!", „Rot front!", „Hal. STALINNUJA sana'!"

I

KONSTITUSIJALUL KOMISSIJA SAKIN BAVUVA GANIL MURADRU

Halmaxtal!

Kulssar va S'ezdral xxal dullalissa proekt durssa Konstitusijalul Komissija SSR-danul Sojuzral Sovetirttal VII-mur S'ezdral xassa həkmulinu sakin bussa. Ga həkmu bussija 1935 şinal fevraldanul 6-nivu. Ganil ţi bur:

„1. SSR-danul Sojuzral Konstitusijaluvu ukunssa culuxunnaj daxxanaşivurttu dan:

a) buçavril nizamravu ttininnijar xxişala demokratija dacin dan, şşalla arhəl qadarzu

7

Page 7/50 de SSR danul sojuzral konstitusijalul proektraja *(Staline, projet de la constitution de l'URSS) 1936, en lak avec la graphie latine / x=kh /*

Phonologie

Les consonnes simples se prononcent comme en russe mais le lak qui a adopté l'alphabet cyrillique emploie aussi, comme on le voit, des graphèmes composées d'une lettre cyrillique et d'un autre élément (**I**, **ъ** et **ь**) qui rendent des sons spécifiques difficiles à décrire. Le mieux, pour le lecteur, est de se référer au CD qui accompagne ce livre. Sinon il devra essayer de se conformer aux descriptions ci-après. Toutefois c'est un exercice presque irréalisable sans avoir entendu la véritable prononciation des Laks natifs.

Les lettres géminées marquent une intensification de la consonne. Il convient donc bien distinguer par exemple **учин,** *dire*, de **уччин**, *inhumer / enterrer*.

Pour prononcer **сс**, la langue forme devant les dents supérieures entrouvertes une sorte de bouchon qui, en sautant sous l'action de l'air expiré, projette le **с** et l'intensifie en **сс** : **сий** *mode* ou *autorité,* **сси** *colère* ou *rouille ;* **ус** *chaussure*, **уссу** *frère*.

Le même procédé s'emploie pour passer de **ч** à **чч**. Globalement, ce sont des explosions mesurées d'une compression de l'air par la langue montée au palais ; retenu instantanément en apnée, l'expiration se libère tout en passant à travers le premier son : **ччаллу** *baïonnettes*.

Pour créer le son **чI**, il faut partir de la position du **чч** en y ajoutant une forte compression musculaire de la langue sur le palais ; en le quittant instantanément, elle libère l'air retenu dans le larynx qui se projette par devant : **чIуртун**, *homme efféminé*.

Le **гь** se prononce comme *ch* allemand dans *ich,* avec un peu d'expiration sonore : **гьава** *air*.

Pour le **гъ**, nous avons déjà mentionné le *hamza* dans la partie voyelle. C'est exactement un ***'ayn*** des langues sémitiques, il prend sa naissance tout en bas du larynx : **гъалгъа** *conversation*. Acoustiquement, la présence du signe **ъ** s'articule toujours en tant qu'une occlusion qui évoque l'interruption vocalique momentanée.

Pour les mots empruntés au russe, **щ** garde son aspect chuintant léger, avec une perceptible montée palatale, comme si on s'apprêtait à prononcer un [j] après un *ch* français. Mais dans le lak proprement dit, **щ** est un dédoublement du **ш** avec une accélération de l'air et une projection qui en résulte : **щин щаращи дан дур** *il faut faire bouillir de l'eau.*

Le son **х** est une ***jota*** espagnole modérée ou un *r* français bien sourd. Une fois géminé en **хх**, il devient une jota dure et aspirée, plus proche d'un ***ch*** du ***Nacht*** allemand ou même néerlandais : **хха** *ligne, trait.*

Le **хь** se prononce comme un **х** suivi du [j] autrement dit une montée du centre de la langue vers le palais ; l'interstice ainsi formé laisse l'air s'échapper. Du point de vue de l'onomatopée, lorsque un homme fatigué pousse un *soupir,* **ухьвай** en lak : le **хь** lak est de la même nature.

La graphie géminée **хьхь** présente une certaine intensification du **хь**. La pomme d'Adam se soulève et les muscles sont tendus, avec à la sortie une explosion suivie de l'accélération de l'air projeté. Immédiatement après, la langue retombe vers sa position de repos : **хьхьарасса** *faible.*

Le **хъ** est un son guttural proche de ***'ayn***, qui a la même naissance au fond du larynx. La différence est que l'on pousse le **хъ** avec une sorte de toux, un comma séparateur dans la respiration, en partant de la position du bâillement : **хъунавшаву** *vieillesse.*

Le son **хI** est un son guttural par excellence mais sans le comma interruptif. Ce son est en partie proche du **гъ** avec cette différence que l'on laisse vibrer les cartilages du fond du larynx. Pour le produire, il faut essayer d'obtenir un [ja] immédiatement après la projection d'une ***jota*** dure : **хIаж** ***hajj***, *pèlerinage.*

Le son **к** équivaut son homonyme européen. Lorsque **к** est géminée et prend la graphie **кк**, il s'agit alors d'essayer la prononciation du **к** en appuyant le bout de la langue contre les dents inférieures devant, tout en la soulevant en son milieu et la serrant contre les incisives supérieures : **ккурккисса** *rond.* Ce son est difficile à décrire et le plus complexe à l'apprentissage.

Comme les autres sons dénotés par l'abruptif **I**, le **кI** procède par une explosion gutturale et sa projection. Pour le **kI** spécifiquement, cette explosion demeure à l'intérieur de la bouche, en produisant une sorte de claquement : **бакI** *tête*.

Le **къ** fait partie des sons les plus difficiles du lak. Il est surtout délicat à distinguer : naissant de la même position que le **хъ**, à l'attaque il produit une sonorité un peu différente, plus sèche et forte, mais toujours avec l'arrêt instantané de l'air : **къукъу** *cruche en argile*.

Pour prononcer **кь**, un autre abruptif, il faut contracter momentanément tout les muscles du bas de larynx. A la différence du **кI** pour lequel les mâchoires sont mi-ouvertes, **кь** requiert une ouverture de la cavité buccale plus grande, formant ainsi une sorte de chambre de résonance : **кьадру-кьимат** *respect, appréciation*.

Le **тт** s'obtient par une forte application de la langue aux dents et la sortie rapide de l'air avec une explosion : **та** *lui* / **тта** *brebis*.

Le son **тI** a la même nature que le précédent, mais la langue agit moins fort que dans **тт**. Par conséquent, l'explosion de l'aire du **тI** produit un claquement. C'est un mélange entre fricatif et occlusif : **тIин** *goût*.

Les mots laks avec le **цц** géminé sont au nombre d'une vingtaine. Ce son est un dental affriqué, à l'instar du **тт** qui est plus sourd mais procède de façon identique : **ццах** *peur*.

Pour prononcer **цI**, très fréquemment employé, il faut partir du **цц** et le faire suivre d'une pression rapide gutturale descendante de l'air : **цIуцIаву** *maladie, douleur, dépit*.

Le **пп** est un géminé labial-labial sourd, qui se produit uniquement par action des lèvres pour renforcer un **п** buccal, sans expiration de l'air. Cela donne une sorte de *pop* bien fort : **ппу** *père*, **къуппа** *coupole*.

Avec l'abruptif, **пI** se classe dans le rang des sons forts avec une descente glottique rapide. La tendance commune des caucasiens natifs serait de renforcer les **п** dans tous les mots russes, ce qui sert à caricaturer l'accent typique lak ou avar. Pour illustrer ce cliché, le mot **папироса** (*cigarette russe* avec un filtre tubulaire) s'écrit en lak **пIапIирус**.

Pour résumer et conclure cette partie phonologique de l'exposé, terminons par une généralité : toute les langues caucasiennes dont le lak, sont parlés de manière forte et discontinue, en s'appuyant sur les consonnes, les groupements de mots sont bien séparés par une accentuation flagrante, et leur vecteur tonique est plutôt descendant, autrement dit il s'agit de l'intonation affirmative rappelant, sous réserve de l'amplitude moins large, le quatrième ton du chinois. Ces langues ne comportent pas de distinction selon le genre de locuteur, comme dans la langue japonaise.

Alternance des phonèmes

Toute comme pour les voyelles, les consonnes sont sujettes de la flexion ; cette règle est valable dans de nombreux cas :

a) dans les transformations nominales et verbales, les consonnes géminées non aspirées **сс**, **хх**, **хьхь**, **чч**, **щ** etc. retrouvent leur équivalences simples **с**, **х**, **хь**, **ч**, **ш** ; b) avant les désinences des déclinaisons et la formation du pluriel, les simples aspirées **ц**, **т**, **к**, **х**, **к**, **хъ** se redoublent et deviennent géminées non aspirées **цц**, **тт**, **кк**, **хх**, **кк**, **хьхь** ; c) **л** et **н** sonores dans la même position se redoublent en **лл** et **нн** ; en position finale des adverbes locales **чч** alterne avec le **кк**, tandis que ce **чч** affriquée pour les formations verbales ou nominales est alterné par le **kk** ou **k** ; d) **хьхь** alterne **щ** ; e) **кI** alterne avec le **чI** et vice versa.

Accentuation

La langue lak a une accentuation tonique non constante qui transite d'une syllabe à l'autre. Malgré cela, il y a quelques régularités parmi lesquelles :

l'accent tombe toujours sur les suffixes formatifs **-чи -кар -у -ала -шаву -ма -алу** ; sur les suffixes fermés marqueurs de déclinaison -**хьхьун -вун -щал -йн -чIан -цIун** ; sur ceux ouverts **-чIа -ща -ва** ; sur le formatif **-арà** (**учIан** / **учIара** *venir* / *je viens*) ; sur les formatifs de l'impératif **-а -и -у** (**шанан** / **шанашу** *dormir* / *dors* !). Les diphtongues sont toujours accentuées : **канай** *mangeant* **ххуйсса** *bon* **авлия** *mauvais*, ainsi que la dernière syllabe de l'adverbe **куна** *comme* (**кунма**, **кунна**) **гьантта кунма** *comme un jour*.

Le groupe nominal

Le pluriel des noms

En lak, il existe un singulier et un pluriel, ce dernier est marqué par un suffixe, souvent -**ру**. Cependant, le nombre des suffixes du pluriel est considérable. Il y en a près de 40, simples ou composés. En voici une liste non exhaustive :

ду див ру ив у лу тал т тл тту

рду ттирду хъу хълу лду ди

Par exemple :

мурхь, *arbre*, a pour pluriel **мурхьру** et le nom même de Lak a pour pluriel **лакру :**

Лак (génitif singulier -**рал**) *Lak, des Laks* — d'après le dictionnaire de S. Khaïdakov, 1962.

Лак (-**рал**) général, *les Laks* ; **лакраву** *parmi les Laks* — d'après le dictionnaire orthographique de E. Abdullaev, 2005.

хьхьу, *nuit*, a pour pluriel **хьхьурду**

щар a pour pluriel **щархъу** :

щар (1) classe IV (-**нил**, -**хъу**, -**хъал**) *village, aoul* ; **хъуннасса щар** *grand village* ; **чӀирисса щар** *petit village* ; **ттуккул бакӀ уксса щар** *village comme une tête d'âne* (petit) ; **щарнил дивир** *mollah du village* ; **щарнил лухччи** *terres communes* (pâturage) ; **щар лахъан** *offrir à manger au village entier.*

щар (2) classe II (-**нил**, **хъами, хъаннил**) *la femme* ; **щарнил ляхъин** *la famille de la femme* ; **щарнил нину** *belle-mère* ; **щарнил ппу** *beau-père* ; **щарнил ссу** *belle-soeur* ; **щар булун** *se marier* (« devenir femme ») ; **щар дуцин** *se marier* (homme) ; **щар хьун** *se marier* (femme)

ку a pour pluriel **кунди** :

ку (1) classe III (-**л**, -**нни**, -**ннал**) *mouton* ; **кул дикӀ** *viande de mouton* ; **нувща ку** gén. **нувщаку** *mouton de 2 ans* ; **ххал ку** gén. **ххалку** *mouton de plus de 3 ans* ; **ку битан** *lâcher le bélier chez les brebis* ; **кунни биххан** *égorger les moutons* (pour le stockage hivernal de la viande séchée).

ку (2) classe III (-**нил**, -**нни**, -**ннал**) 1. *estomac* (d'un ruminant) ; 2. *abattis.*

Ajoutons qu'il existe des pluriels très irréguliers comme celui de *femmes* **хъами** alors qu'au singulier on dit **щар**. De même, *cheval*, **чву** [tchwu] a pour pluriel *chevaux*, **дучри** [dutchri].

Les désinences des pluriels

Nous présentons ici quelques considérations sur ces désinences et leur emploi. Ce paragraphe entre dans des détails dont le lecteur peut se passer s'il souhaite uniquement comprendre le fonctionnement de la langue.

-**ру**, la désinence la plus fréquente, s'emploie notamment après des mots terminés par une voyelle ou par une consonne non sonore.

-**ду**, s'emploie pour des mots terminés par **р** comme c'est souvent le cas de noms de professions. Il arrive que ces mots aient aussi une autre désinence du pluriel.

-**лу**, s'emploie pour des mots terminés par **л** et -**ну** pour ceux terminés par **н** mais il existe des exceptions.

-**ри** s'emploie avec des mots de deux syllabes terminés par l'une des voyelles **а** ou **у**.

-**тту** ou -**тти** s'emploient avec des mots de plusieurs syllabes comportant l'une des lettres **л, м** ou **р**.

-**хъу** ne s'emploie qu'avec le mot **щар**, *village*.

-**т** s'emploie avec des mots de plusieurs syllabes terminés par **а**, souvent des noms de professions.

-**в** s'emploie avec des mots de plusieurs syllabes terminés par **и** comme **ккаччи**, *chien*, ou **ккарччи**, *dent*

-**й** s'emploie avec quelques pronoms.

On trouve aussi des désinences composées comme :

-**рду** employé après une diphtongue ou **в**

-**хълу** employé pour certains noms de parenté comme **ссу**, *sœur*. etc.

L'ajout de la désinence du pluriel entraîne souvent l'élision de la voyelle finale du mot. Certaines désinences comme **нни** / **нди**, **дулт** ou -**ал** ne s'emploient qu'avec un ou deux mots.

Le lecteur retiendra qu'il est recommandé d'apprendre le pluriel de chaque nom, en même temps que le nom lui-même.

Les quatre classes nominales

Comme les autres langues du groupe des langues caucasiques du Nord-Est, le lak connaît un système de classes nominales, au nombre de quatre en lak (contrairement au dargin, par exemple, qui n'en compte que trois). Ces classes interviennent aussi bien dans les adjectifs que les participes ou les verbes.

classe I : êtres humains masculins. Souvent, cette classe n'a pas de marqueur, parfois **в-** ou **у-** à l'initiale.

classe II : êtres humains féminins (de nos jours : surtout pour les femmes d'un certain âge). Cette classe a **д-** pour préfixe verbal initial.

classe III : classe transversale, incluant des référents considérés comme positifs ou pertinents dans le cadre de la société lak (de nos jours, inclut les enfants et les femmes jeunes). On y trouve bon nombre de noms d'animaux mais aussi des objets inanimés. Cette classe se caractérise par un préfixe verbal initial **б-**

classe IV : classe transversale, référents considérés comme moins positifs ou pertinents dans ce cadre. On y trouve la plupart des objets (inanimés) mais aussi, par exemple, quelques insectes comme l'araignée ou la fourmi. Le préfixe verbal initial de cette classe est **д-**

Au pluriel, la marque de classe (préfixe verbal) est **б-** pour les trois premières et **д-** pour la quatrième classe.

Cependant la marque de classe peut être différente si elle est placée à l'intérieur du mot et non à l'initiale. Le tableau ci-dessous donne les différentes marques de classes à l'initiale :

	Singulier	**Pluriel**
I	**Ø-, в-, у-**	**б-**
II	**д(р)-**	**б-**
III	**б -**	**б-**
IV	**д(р)-**	**д-**

A l'intérieur d'un mot, les marques de classe sont les suivantes :

	Singulier	**Pluriel**
I	**-в-,**	**-в-, -м-**
II	**-р-, -н(д)-, -л-, рд**	**-в-**
III	**-в-, -м-**	**-в-, -м-**
IV	**-р-, -н(д)-, -л-, рд**	**-р-, -н-**

A l'intérieur d'un même mot on peut trouver deux ou plusieurs marques de classes.

Certains mots conservent une marque de classe figée qui n'est plus ressentie comme telle, comme dans les mots :

рикI *hache*
дакI *cœur*

Le lecteur constatera l'extrême complexité de ce système. Aussi notre ambition n'est-elle pas d'arriver à ce que le lecteur s'exprime sans fautes en lak, nous souhaitons seulement bien faire comprendre les mécanismes de la langue. Seul un séjour prolongé dans un milieu lakophone permettra d'acquérir la pratique de la langue.

Les exemples que nous donnons ci-dessous de l'emploi des marques de classes sont donc destinés à montrer comment s'emploient ces marques, sans pouvoir être exhaustif.

Exemples avec un adjectif (nous soulignons la marque de classe).

Classe 1
homme grand **угьарасса адимина**
hommes grands **бугьарасса арамтал**
Classe 2
femme grande **дугьарасса щарсса**
femmes grandes **бугьарасса хъами**

Classe 3
grand bœuf **бугьарасса ниц**
grands bœufs **бугьарасса ницру**
Classe 4
grande planche **дугьарасса тахта**
grandes planches **дугьарасса тахтарду**

тахта IV (**-лул**, **-рду**, **-рдал**) *planche* ; **тахта дуккан** *cintrer* ; **тахта кьукьин** *préparer les planches*

Exemples avec un participe

Classe 1
paysan qui vient (paysan venant) **увкIсса хъудугьу**
paysans qui viennent **бувкIсса хъудугьулт**
Classe 2
la voisine qui vient (voisine venant) **дуркIсса чIаххувщар**
les femmes qui viennent **бувкIсса хъами**

чIаххувщар IV (**-нил**) *voisine* (femme) ; **щарсса** II (**-нил**, **-хъами**, **хъаннил**) : 1. *femme* ; **оьрус щарсса** *femme russe* ; **хъуннар хьусса щарсса** *femme âgée* ; 2. *femme, épouse.*

Classe 3
le cheval qui vient **бувкIсса чву**
les chevaux qui viennent **бувкIсса дучри**
Classe 4
la voiture à cheval qui vient **дуркIсса аьрава**
les voitures à cheval qui viennent **дуркIсса аьравартту**

Exemples avec un verbe

Il faut retenir que les verbes intransitifs s'accordent en classe avec leur sujet et les verbes transitifs avec leur complément d'objet.

Exemples avec un verbe intransitif :
je suis fatigué **на увхра**
je suis fatiguée **на дурхра**
nous sommes fatigués **жу бувхру**

Exemples avec un verbe transitif :
le tailleur a cousu une chemise
дарзинал гьухъа бурувххунни
le tailleur a cousu un vêtement
дарзинал янна дуруpххунни
(*chemise* est de la classe 3 et *vêtement* de la classe 4)

Les cas nominaux

La plus grande complexité du lak provient du nombre de ses cas nominaux, analogues, dans leur principe, aux cas des déclinaisons latines. Les linguistes ne s'accordent pas sur le nombre de ces cas (de 40 à 50, ce qui constitue peut-être un record du monde, partagé avec le tabasaran, la langue voisine).

Les principaux cas sont les suivants :
nominatif ou absolutif (sans désinence)
le nominatif s'emploie pour le sujet des verbes intransitifs et pour le complément d'objet des verbes transitifs.
génitif / ergatif (avec la désinence -**л**)
l'ergatif s'emploie pour le sujet des verbes transitifs
datif (avec la désinence -**н** ou -**хьхьун**)
possessif (avec la désinence -**хь**)
ablatif général (avec la désinence -**ща**)
comitatif (avec la désinence - **щал**)
instrumental / causal (avec la désinence -**йну**)
comparatif (avec la désinence -**йар**)
possessif / adessif (avec la désinence -**х** ou -**ах**)
allatif général (avec la désinence -**хун**)
circumessif (avec la désinence -**хIу**)
locatifs (essif et latif), subdivisés en nombreux autres cas qui correspondent aux prépositions françaises *dans*, *sur*, *derrière*, *sous*, *à* et *à* emphatique.

Le suffixe du cas peut se placer immédiatement après la racine du nom ou bien il peut y avoir une lettre intermédiaire (ou plusieurs) entre la racine et la désinence du cas. On peut ainsi répartir les noms en différents groupes selon le type de formation des cas. Les lettres ajoutées entre le radical et la désinence casuelle peuvent être : **л, д, н, нн, р, дал / дан / дар, ттир / ттар, тт**. La situation est extrêmement complexe et le plus simple est de multiplier des exemples.

Avec **р**, les mots **бакI** (*tête*) et **чавахъ** (*poisson*) ont pour génitifs respectifs **бакIрал** et **чавахърал**. Avec **тт** le mot **нину** (*mère*) a pour génitif **ниттил**. Avec **ттир / ттар**, les mots **лу** (*livre*) et **эн** (*courroie*) ont pour génitifs respectifs **луттирал** ct **энттарал**.

En principe, ces voyelles insérées se retrouvent aux autres cas.

Dans le pire des cas, le génitif (ou un autre cas) est construit sur une racine différente de celle du nominatif. Exemple : **барз** (3) *mois / lune* a pour génitif **зурул**

La déclinaison des noms

A titre d'exemples, nous présentons la déclinaison des mots **къатта**, *maison*, et **чIира**, *mur*.

Déclinaison de **къатта**	
nominatif	**къатта**
génitif / ergatif (désinence -**л**)	**къатлу-л**
datif (désinence -**н** ou -**хьхьун**)	**къатлу-н**
ablatif général (désinence -**щ**а)	**къатлу-щ**а
à partir de la maison	
comitatif (désinence -**щал**)	**къатлу-щал**
avec la maison	
instrumental (désinence -**йну**)	
comparatif (désinence -**яр**)	**къатлу-яр**
que la maison	
Première série des locatifs (*dans*)	
à la maison (sans mouvement)	**къатлу-в(у)**
à la maison (avec mouvement)	**къатлу-вун**
au travers de la maison	**къатлу-вух**
de la maison (provenance)	**къатлу-ва(ту)**
Deuxième série des locatifs (*sur*)	
à la maison (sans mouvement)	**къатлу-й**
à la maison (avec mouvement)	**къатлу-йн**

au travers de la maison	**къатлу-йх**
de la maison (provenance)	**къатлу-йа**

Troisième série des locatifs (*derrière*)

à la maison (sans mouvement)	**къатлу-х**
à la maison (avec mouvement)	**къатлу-хун**
au travers de la maison	**къатлу-хух**
de la maison (provenance)	**къатлу-ха(ту)**

Quatrième série des locatifs (*sous*)

à la maison (sans mouvement)	**къатлу-лу**
à la maison (avec mouvement)	**къатлу-лун**
au travers de la maison	**къатлу-лух**
de la maison (provenance)	**къатлу-ла(ту)**

Cinquième série des locatifs (*près de*)

à la maison (sans mouvement)	**къатлу-чIа**
à la maison (avec mouvement)	**къатлу-чIан**
au travers de la maison	**къатлу-чIах**
de la maison (provenance)	**къатлу-чIа(ту)**

Sixième série des locatifs (*contigu à*)

à la maison (sans mouvement)	**къатлу-цI**
à la maison (avec mouvement)	**къатлу-цIун**
au travers de la maison	**къатлу-цIух**
de la maison (provenance)	**къатлу-цIа(ту)**

Déclinaison de **чIира** (*mur*)

nominatif	**чIира**
génitif / ergatif (désinence -**л**)	**чIира-л**
datif (désinence -**н** ou -**хьхьун**)	**чIира-н**
ablatif général (désinence -**ща**) *à partir du mur*	**чIира-ща**
comitatif (désinence -**щал**) *avec le mur*	**чIира-щал**
comparatif (désinence -**яр**) *que le mur*	**чIира-яр**

Première série des locatifs (dans)

dans le mur (sans mouvement)	**чIира-в(у)**
au mur (avec mouvement)	**чIира-вун**
au travers de la mur	**чIира-вух**
du mur (provenance)	**чIира-ва(ту)**

Exemple :
къатлува буккан, *sortir de la chambre*

Deuxième série des locatifs (sur)

sur le mur (sans mouvement)	**чIира-й**
au mur (avec mouvement)	**чIира-йн**
au travers de la mur	**чIира-йх**
du mur (provenance)	**чIира-яту**

Troisième série des locatifs (derrière)

au mur (sans mouvement)	**чIира-х**
au mur (avec mouvement)	**чIира-хун**
au travers de la mur	**чIира-хух**
du mur (provenance)	**чIира-яту**

Quatrième série des locatifs (sous)

sous le mur (sans mouvement)	**чIира-лу**
sous le mur (avec mouvement)	**чIира-лун**
au travers du mur	**чIира-лух**
du dessous du mur (provenance)	**чIира-ла**

Cinquième série des locatifs (près de)

au mur (sans mouvement)	**чIира-чIа**
au mur (avec mouvement)	**чIира-чIан**
au travers du mur	**чIира-чIах**
du mur (provenance)	**чIира-чIа(ту)**

Sixième série des locatifs (contigu à)

au mur (sans mouvement)	**чIира-цI**
au mur (avec mouvement)	**чIира-цIун**
au travers du mur	**чIира-цIух**
du mur (provenance)	**чIира-цIа(ту)**

Les postpositions

Les principales sont :

dans	**вив**
derrière	**махъ**
pour	**щин / вин**
près de	**чIарав**
sans	**бакъа (дакъа, акъа)**
sous	**лув**
sur	**ялув**
à cause de	**сававну**
autour	**лагма** (*postposition + génitif*)

Exemples : *une soupe sans sel* **цIу бакъасса накь** (sel / sans / soupe), la postposition est à la forme longue en **сса**.

La préposition française *avec* se rend en employant le cas comitatif de suffixe **-щал :**

цIуйщал накь une soupe avec du sel

Les démonstratifs

Il en existe cinq formes selon la proximité plus ou moins grande entre le locuteur et l'objet. Ils servent aussi de pronoms personnels de la troisième personne.

singulier	pluriel	
celui-ci	**ва**	**вай**
celui-là	**му**	**ми(й)**
celui-là	**та**	**тай**
celui-là (en bas)	**га**	**гай**
celui-là (en haut)	**кIа**	**кIай**

Ces démonstratifs se déclinent et varient avec la classe du nom auquel ils se rapportent, avec des irrégularités.

нал ou **мунал** est le génitif de **му** (première classe)
нил ou **мунил** est le génitif de **му** (pour les autres classes)
Au pluriel, les génitifs sont les suivants :
вайннал ou **миннал** (première classe)
вайннул ou **миннул** (pour les trois autres classes)

Les pronoms personnels

Ils prennent deux formes selon qu'ils sont au nominatif ou au cas oblique. Ces pronoms sont :

nominatif

je	**на**
tu	**ина**
il / elle	**га / ва / му**
nous	**жу**
vous	**зу**
ils / elles	**тай**

Les pronoms de la troisième personne sont, en fait des démonstratifs. Nous n'en parlerons plus dans ce paragraphe.

cas oblique

me	**тту**
te	**ви**

Au pluriel, les pronoms ne distinguent pas le nominatif du cas oblique

nous	**жу**
vous	**зу**

La forme du cas oblique prend la désinence casuelle, par exemple **вил**, *de toi* ; **вихьхьун**, *à toi* ; **ттун**, *à moi* ; **тайннал**, *d'eux / d'elles*.

L'ajout de l'un des suffixes **-ва, -ра, -ла, -на, -ма, -рда** ou **-ппа** donne un sens réfléchi (*moi-même* etc.) : **жура**, *nous-mêmes*.

Les possessifs

Ce sont simplement les génitifs des pronoms personnels (désinence **-л** ajoutée au cas oblique du pronom personnel).

Exemples :

mon	**ттул**
ton	**вил**
son	**танал**
son	**мунал**
notre	**жул**
votre	**зул**
leur	**тайннал / миннал**

Ces possessifs peuvent prendre la désinence des adjectifs telles que (-**сса**, -**ма, -мур**) ce qui leur donne un sens voisin comme **ттулсса,** *qui est à moi* etc.

Les adjectifs

Ils peuvent se présenter sous une forme longue (avec le suffixe **-сса**) ou sous une forme courte. Un autre suffixe d'adjectif, **-мур** (pour la classe 1, ce suffixe est **-ма**, il devient **-ми** au pluriel de toutes les classes), rend l'équivalent d'un relatif : **ятIул-сса**, *rouge*, s'oppose à **ятIул-мур**, *qui est rouge*, nuance qui n'est pas fondamentale en français.

	Général	**Spécifique**		
	SG	**PL**	**SG**	**PL**
I	**-сса**	**-ма**	**ми**	
II		**-мур**		
III		**- мур**		
IV		**- мур**		

Exemples :

ami faible	**ухма дус**
ami âgê	**хъунма**
amis faibles	**бухми дустал**
amis âgês	**хъунима**

On constate que l'adjectif prend les marques de classe (soulignées) pour s'accorder avec le nom.

Ajoutons que, sous leur forme longue, les adjectifs peuvent avoir valeur de substantifs comme, par exemple, **къашавайсса** qui signifie *un malade*.

Rien n'empêche de former des adjectifs composés comme *innombrable* **ккал дан къашайсса**
(mot à mot : *compte faire pas-étant*)

<u>La forme courte des adjectifs</u>
La forme courte porte un sens de généralité. Par exemple, **лухIи-сса яру**, signifie *des yeux noirs* ou *les yeux noirs* d'une personne déterminée tandis que **лухIи яру** a le sens de *aux yeux noirs*, qualité générale. L'emploi de la forme courte est plus apparente dans les exemples suivants :

хьюму-сса муси signifie *or liquide* (c'est-à-dire *fondu*) tandis que **хьюму муси** désigne le *mercure*, considéré comme de l'or constamment liquide. De même, **хъунма-сса зунтту**, signifie *haute montagne* alors que **хъун зунтту** est le nom d'une montagne comme on pourrait dire en français *Hautmont*.

<u>L'adjectif attribut</u>
En position d'attribut, l'adjectif se place après le nom et il prend un suffixe qui remplace le verbe *être* du français.
Exemple :
je suis prêt **на хIадур-да**

<u>Le comparatif</u>
Il se marque à l'aide de l'un des suffixes -**кcca** (-**куна**) pour le comparatif d'égalité et **-нияр, -яр** pour le comparatif de supériorité. Ils s'adjoignent au nom de la comparaison.
Exemples :
le frère est aussi bien que la sœur
уссугу ссу<u>кcca</u> хъинсса ур
(frère-aussi / sœur-que / bon / est)
On remarque le suffixe **гу** que porte le mot *frère* et qui indique l'égalité.

le frère est meilleur que la sœur
уссу сси<u>яр</u> хъинсса ур
(frère / sœur-que / bon / est)

la sœur est meilleure que le frère
ссу хъинсса бур уссияр
(sœur / bon / est / frère-que)

On remarque que le verbe *être*, **бур**, prend ici le **б** initial de la deuxième classe, celle du féminin.

les frères sont meilleurs que les sœurs
уссурвал ссухълуннаяр хъинсса бур

je suis plus vieux que toi
на хъунассара вияр
ou bien, avec la forme courte de l'adjectif :
на хъунара вияр

tu es plus vieux que moi
ина хъунна ттуяр ou **ина хъунра ттуяр**

On peut aussi noter les adverbes **хъинну**, *plus*, et **чансса**, *moins*, qui forment des comparatifs de supériorité ou d'infériorité en se plaçant avant l'adjectif.

Le superlatif

On emploie les mots **яла**, *le plus*, ou **хъинну**, *très*
Exemple :
la plus haute montagne **яла бюхттулмур зунтту**

ou bien

l'Everest est la plus haute montagne du monde
Эверест дунияллий яла бюхттулмур зунттур
Everest / monde-du / le plus / haut / montagne-est

Le verbe

Le verbe est particulièrement difficile en lak. Il marque à la fois le nombre (singulier et pluriel) et la classe nominale. Il s'accorde avec le sujet aussi bien qu'avec le complément d'objet.

Les verbes marquent les trois temps (passé, présent et futur) mais certains d'entre eux ont plusieurs formes. Ainsi, il existe un présent habituel, un présent continu (duratif) et un présent qui marque le résultat de l'action (accompli). En outre, ils peuvent marquer divers aspects (duratif, progressif, inchoatif...).

Les modes exprimés sont l'impératif, l'indicatif, le potentiel, l'optatif etc. L'expression de ces formes verbales repose sur une série impressionnante de gérondifs. Pour être complet (autant que possible), mentionnons qu'il existe des formes des temps verbaux exprimant une incertitude sur les faits rapportés. Ces formes, si elles doivent être traduites, devront faire appel en français à des périphrases comme *on dit que*, *semble-t-il* etc.

Rappelons que le lak est une langue ergative, c'est-à-dire que les sujets des verbes transitifs sont au cas ergatif, le complément d'objet direct étant au nominatif.

Les classes nominales dans les conjugaisons verbales

Certains verbes comportent une marque de classe qui, naturellement, change si le sujet (parfois même la complément) est d'une classe différente. En voici quelques exemples, l'un avec le verbe intransitif *venir*, **бучIан (учIан / дучIан)** dans lequel c'est la classe du sujet qui intervient ; l'autre avec le verbe transitif *soulever*, **гьаз бан**, où le verbe se modifie en fonction de la classe du complément d'objet :

je suis venu (pour un homme)	**на у-в-кIра**
je suis venue (pour une femme)	**на д-у-р-кIра**
je suis venue (pour une jeune fille)	**на б-у-в-кIра**
nous sommes venus	**жу б-у-в-кIру**

j'ai soulevé le garçon	**на гьаз ав оьрчI**
j'ai soulevé la table	**на гьаз б̲-ав стол**
j'ai soulevé la planche	**на гьаз д̲-ав тахта**
nous avons soulevé les enfants	**жу гьаз б̲-арду оьрчIру**
nous avons soulevé les tables	**жу гьаз б̲-арду столлу**
nous avons soulevé les planches	**жу гьаз д̲-арду тахтарду**

Dans le cas de verbes formés avec un auxiliaire, on peut former des exemples où le verbe principal s'accorde en classe avec le complément d'objet et le verbe auxiliaire avec le sujet.

Verbes auxiliaires

On compte plusieurs verbes auxiliaires dont le verbe *être* qui prend, selon la classe nominale, les formes **б̲ур**, **д̲ур** ou **ур** (au passé, ces formes deviennent **б̲ия**, **д̲ия**, **ия**) ; le verbe *faire* (**ан / д̲ан / б̲ан**), le verbe *dire* (**учин**) et quelques autres. Le premier s'emploie pour le présent habituel comme dans la phrase :

le soleil se lève derrière la montagne
зунттуха баргъ буклай бур
(montagne-derrière / soleil / en-sortant / est)
Le verbe **буккан**, *sortir*, est au gérondif.

Le verbe *être* que nous venons de voir est défectif (il n'a pas toutes les formes des autres verbes). Selon les classes nominales, il prend les formes suivantes au singulier :

ура classe 1, première et deuxième personne
д̲ура classe 2 et 4, première et deuxième personne
бура classe 3, première et deuxième personne

Au pluriel, les formes sont les suivantes :
буру classe 1, 2 et 3, première et deuxième personne
д̲уру classe 4, première et deuxième personne

A la troisième personne, le **a** final de ces formes devient **и.**

Les verbes *faire* et *devenir*

Les verbes *faire* et *devenir* entrent dans la formation de nombreux verbes composés.

Verbe *faire*, **ан (увну** III) / **бан (бувну** III déjà fait) / **дан**

Selon la classe, le verbe *faire* apparaît avec une consonne initiale différente : **б̲ан / дан**

Présent général :

je fais	**на б̲ара**
tu fais	**ина б̲ара**
il fait	**кIанал б̲ай**
nous faisons	**жу б̲ару**
vous faites	**зу б̲ару**
ils font	**кIайннал б̲ай**

Verbe *devenir*, **хьун (хъанан)**

Le verbe *devenir* : a pour racines **хь** et **ш**. Le présent de l'indicatif se forme sur cette dernière et donne :

je deviens	**на шара**
tu deviens	**ина шара**
il devient	**кIа шай**
nous devenons	**жу шару**
vous devenez	**зу шару**
ils deviennent	**кIай шай**

Le futur de ce verbe sert de futur au verbe *être*, comme il est assez naturel puisque le futur est en devenir.

Exemple :

je serai heureux	**на ххари хьунсса-ра**
tu seras heureux	**ина ххари хьунсса-ра**
il sera heureux	**та ххари хьунсса-р**
nous serons heureux	**жу ххари хьунсса-ру**
vous serez heureux	**зу ххари хьунсса-ру**
ils seront heureux	**тай ххари хьунсса-р**

Les deux formes des radicaux verbaux

Comme on vient de le voir avec le verbe *devenir*, les radicaux verbaux ont deux formes, l'une s'emploie pour l'infinitif du singulier, l'impératif, les conjugaisons de l'indicatif, le gérondif qui indique une proximité de l'action, les formes de la première personne du passé accompli tandis que la deuxième forme du radical s'emploie pour le futur, le conditionnel, l'impératif pluriel et certains gérondifs. Heureusement, les deux radicaux ne sont pas aussi irréguliers que dans le cas du verbe *devenir* **хьун**, *devenir*, qu'on vient de voir (**хь** et **ш**).

Pour le verbe **чичин** *écrire*, les deux formes de son radical sont **чич** et **чичин**.

L'infinitif

Les désinences de l'infinitif, suffixées au radical, sont : **ан,** **ин** ou **ун,** exceptionnellement **ен** ou **ян**.

L'impératif

La désinence de l'impératif est différente selon que le verbe est transitif ou intransitif. Au singulier, elle est **-а** ou **-и** pour les verbes transitifs et -**у** pour les verbes intransitifs.

Exemple :

dis	**буси**	(du verbe **бусан**)
prends	**ласи**	(du verbe **ласун**)
va	**ачу / бачу**	(du verbe **бачин**)

Au pluriel, les désinences sont **-ра** et **-яра** (ou -**и**)

donnez…	**дулара**
prenez	**ласияра**
allez	**бачияра** (ou **бачи**)

L'impératif de la troisième personne (singulier et pluriel), qui se rend en français par un subjonctif, emploie le suffixe **-ча.**

Exemples :

qu'il prenne / qu'elles prennent **ласича**

qu'il aille **насуча** / *qu'ils aillent* **насича**

Il existe aussi un impératif de la première personne du pluriel

allons **гьаннуча** (du verbe **гьан**)
prenons **ласуннуча**
buvons **хIачIаннуча** (du verbe **хIачIан**)

L'impératif négatif se forme avec la particule **ма** qui se place le plus souvent en tête mais peut aussi être placée au milieu du verbe.

Exemple :
n'écris pas **мачичара** ou **чимачара** (du verbe **чичин**)
qu'il n'écrive pas **мачичарача**
n'attendez pas **маялугьларду** (du verbe **ялугьлан**)
ne donnez pas **мадулару** (du verbe **дулун**)
ne pleure pas **мааьтIра** (du verbe **аьтIун,** *pleurer*)

L'indicatif

Le nombre de temps des verbes laks peut être sujet à discussion. Il existe au moins les temps suivants : présent général, présent de situation, présent continu, passé indéfini, passé continu, futur indéfini, futur.

Présent de l'indicatif

Le présent prend deux formes selon qu'il s'agit du présent général ou d'un présent qui insiste sur l'instant en cours. Les deux formes sont construites sur le premier radical **чич-**.

Dans le cas du présent général, les première et seconde personnes, emploient la désinence **-ара** (au singulier) / **-ару** (au pluriel). A la troisième personne, la désinence est -**ай.**

présent
-лай / -авай
чич-л-ай j'écris
чич-ав-ай j'ai presque fini d'écrire

On aura :

j'écris (en général) **на чичара**
tu écris **ина чичара**
il / elle écrit **танал чичай**
nous écrivons **жу чичару**
vous écrivez **зу чичару**
ils / elles écrivent **тайннал чичай**

ou encore avec le verbe *donner*, **булун** :
je donne **на дуллай ура**
tu donnes **ина дуллай ура**
il donne **та дуллай ур**
nous donnons **жу дуллай буру**
vous donnez **зу дуллай буру**
ils donnent **тай дуллай бур**

j'ai donné **на дулав**
tu as donné **ина дуллунни**
il a donné **танал дуллунни**
nous avons donné **жу дуларду**
vous avez donné **зу дуллунни**
ils ont donné **тайннал дуллунни**

En revanche, le présent qui précise que l'action se déroule à un instant donné (présent de situation) emploie le gérondif présent (en **ай**) du verbe suivi du verbe auxiliaire *être* (**бур**, **дур** ou **ур**).

Conformément à ce que nous avons vu sur les classes, un **б** apparaît au pluriel devant le verbe auxiliaire.

j'écris (à un moment précis) **на чичлай ура**
tu écris **ина чичлай ура**
il / elle écrit **та чичлай ур**
nous écrivons **жу чичлай буру**
vous écrivez **зу чичлай буру**
ils / elles écrivent **тайннал чичлай бур**

ou encore :

je fais	**на буллай ура**
tu fais	**ина буллай ура**
il fait	**кIа буллай ур / бур / дур**
nous faisons	**жу буллай буру**
vous faites	**зу буллай буру**
ils font	**кIайннал буллай бур**

On remarque que le pronom de la troisième personne est **та** si le verbe est intransitif et **кIа** s'il est transitif. Dans ce cas, le pronom est à l'ergatif.

Avec le verbe *dire* (**учин**), dont le gérondif est **тIий**, on a :

je dis	**на тIий ура**
tu dis	**ина тIий ура**
il dit	**кIа тIий ур**
nous disons	**жу тIий буру**
vous dites	**зу тIий буру**
ils disent	**кIай тIий бур**

Nous verrons qu'au passé, les formes **бур**, **дур** ou **ур** deviennent **бия**, **дия**, **ия**)

Il existe aussi un présent continu (*en train de faire*) qu'on forme en ajoutant le suffixe **на** au gérondif présent qui sera suivi de l'auxiliaire :

j'écris constamment	**на чичлайна ура**

Le passé général ou indéfini ou encore continu

Les désinences du passé sont :
à la première personne du singulier **ав, ра, р, я, яв,** et **на**
à la première personne du pluriel **арду, ру, р, ия, яв,** et **ну**
à la deuxième personne (sing. et pluriel) **ни, на, ру, р, я, яв, ав, вав, а,** à quoi s'ajoute **ну** seulement au pluriel
à la troisième personne (sing. et pluriel) **ни, на, ри, р, ва, я,** et **а**.

Exemples :

il est parti	**ва лавгунни**
	(du verbe **лавгун**, *aller*)

j'ai écrit	**на чичав**
tu as écrit	**ина чивчунни**
il a écrit	**танал чивчунни**
nous avons écrit	**жу чичарду**
vous avez écrit	**зу чивчунни**
ils / elles ont écrit	**тайннал чивчунни**

Ce passé peut aussi se former avec le verbe auxiliaire **икӀан**, *être* :

il étudiait	**та дуклай икӀайва**

(à cette époque, auparavant)

Avec le verbe *travailler* (**зун**), dont le gérondif est **зий**, la conjugaison est la suivante :

je travaillais	**на зий икӀайссияв**
tu travaillais	**ина зий икӀайвав**
il travaillait	**та зий икӀайва**
nous travaillions	**жу зий бикӀайссияв**
vous travailliez	**зу зий бикӀайвав**
ils travaillaient	**тай зий бикӀайва**

та зий ия (forme parfaite *il a travaillé*)

Le passé antérieur

j'avais écrit une lettre	**на чагъар чивчуссия**
tu avais écrit une lettre	**ина чагъар чивчуна**
il avait écrit une lettre	**танал чагъар чивчуна**
nous avions écrit une lettre	**жу чагъар чивчуссия**
vous aviez écrit une lettre	**зу чагъар чивчуна**
ils avaient écrit une lettre	**тайннал чагъар чивчуна**

(ces formes sont transitives car il y a un complément d'objet)

j'étais venu le voir	**на лагайссияв ганачIан**
tu étais venu le voir	**ина лагайвав ганачIан**
il était venu le voir	**та лагайва ганачIан**

(ces formes sont intransitives)
etc.

Le futur indéfini

Il se forme avec le participe futur avec un suffixe indiquant la personne. Ces suffixes du futur sont :

à la première personne du singulier **на, ра**
à la première personne du pluriel **ру** et **ну**
à la deuxième personne du singulier **ра**
à la deuxième personne du pluriel **ру**
à la troisième personne (sing. et pluriel) **р**

Le futur défini

Il en existe plusieurs formes, normalement construites avec la deuxième forme du radical **чичин-**, selon que l'action se produira une seule fois ou qu'elle se répétera. On trouve aussi une forme composée du futur. Voici quelques exemples de formes simples.

Futur simple

j'écrirai	**на чичинссар̱**
tu écriras	**ина чичинссар̱**
il / elle écrira	**танал чичинссар̱**
nous écrirons	**жу чичинссар̱**
vous écritrez	**зу чичинссар̱**
ils / elles écriront	**тайннал чичинссар̱**
je mangerai	**на дуканна**
tu mangeras	**ина дуканссар**
il mangera	**танал дуканссар**
nous mangerons	**жу дуканну**
vous mangerez	**зу дуканссар**
ils mangeront	**тайннал дуканссар**

je travaillerai	**на зунсса<u>ра</u>**
tu travailleras	**ина зунсса<u>ра</u>**
il / elle travaillera	**та зунсса<u>р</u>**
nous travaillerons	**жу зунсса<u>ру</u>**
vous travaillerez	**зу зунсса<u>ру</u>**
ils / elles travailleront	**тай зунсса<u>р</u>**

Une autre forme du futur s'emploie si l'action se produit plusieurs fois. La forme de ce futur est la suivante :

j'écrirai (de temps en temps)	**на чичлансса-ра**
tu écriras	**ина чичлансса-ра**
il écrira	**танал чичлансса-р**
nous écrirons	**жу чичлансса-ру**
vous écrirez	**зу чичлансса-ру**
ils écriront	**тайннал чичлансса-р**

Une autre forme de ce futur emploie **чичавансса** au lieu de **чичлансса**

Le participe passé est **чивчу-сса**, *écrit*

Au passé, et seulement au passé, on ajoute juste après le radical la marque de classe puis un suffixe qui est **чуну**.

Le conditionnel

Le lak distingue, dans le mode conditionnel, un présent, un passé et un futur. Ils se forment tous les trois grâce au suffixe **ча** appliqué au temps correspondant de l'indicatif. On notera qu'en français on dit *si tu dors* aussi bien pour un présent que pour un futur. C'est la principale qui exprime le temps :

<u>si</u> possible	**бюхълай бухьур<u>ча</u>**

<u>Exemples de conditionnel présent</u> :

Le suffixe du conditionnel s'ajoute à l'auxiliaire du présent de situation.

s'il écrit	**чичлай ухьур-ча**
s'il va	**занай ухьур-ча**

Exemples de conditionnel passé

s'il écrivait	**чивчухьур-ча**
s'il venait	**увкIхьур-ча**

Exemples de conditionnel futur

s'il écrit **чичир-ча**

s'il pleut, la récolte sera bonne

гъарал лачIур-ча, хъу дюхъанссар

Précisons que le suffixe -**ча** peut s'employer seul ou avec en outre la conjonction **агар** / **агана**, d'origine persane, équivalente à *si* en français

Exemple :

si tu viens, j'irai **ина учIарча, нагу учIанна**

si tu viens, j'irai **агар ина учIарча, нагу учIанна**

On remarque le suffixe -**гу** qui sert de conjonction pour relier les deux propositions.

Le conditionnel-souhait

Pour exprimer un vœu conditionné, on emploie à toutes les personnes du singulier et du pluriel le suffixe -**ния** qui s'ajoute au participe du temps convenable. Pour les participes, nous renvoyons le lecteur au paragraphe qui leur est consacré plus loin.

Exemples :

au présent

s'il pouvait écrire (maintenant)

Le volitif

Il existe une autre forme verbale, proche de la précédente par le sens, qui exprime un vœu et qu'on peut appeler volitif. On l'emploie pour formuler des souhaits et elle fait appel au suffixe -**нав** à toutes les personnes du singulier et du pluriel. Il s'ajoute à la racine longue du verbe, celle qui a la même forme que l'infinitif.

Exemple :

que tu atteignes tes objectifs **ина мурадрайн иянннав**

que la fin soit heureuse **ахир хайрданийн дукканнав**

Si le vœu a un caractère négatif, comme l'expression d'une malédiction, le suffixe change et devient -**вуй**.

Exemple :
que la maison de ton père brûle
вил буттал къатта ччуччивуй

D'une façon générale, le présent, le conditionnel et le potentiel la désinence **ай** (**-лай / -авай**) ; les temps du passé ont la désinence **ну** ; le futur, le conditionnel et l'optatif sont construits sur l'infinitif (terminé en **-н**).

La forme durative

L'introduction de la syllabe **ла** en infixe, entre le radical et la terminaison, permet de former les verbes duratifs. Ceux-ci sont intransitifs.

devenir	**хьун**
forme durative	**хъанан**
prendre	**ласун**
forme durative	**ласлан**
faire	**б̲ан**
forme durative	**б̲уллан**
dire	**бусан**
forme durative	**буслан**
dire / parler	**учин (увкуну)**
forme durative	**тӀун**
aller	**гьан**
forme durative	**нан**

Les impératifs prennent la désinence **у** des verbes intransitifs.
Exemples :

dis	**бусласу**
prends	**ласласу**

La forme incertaine des verbes

Cette forme verbale existe à tous les temps du verbe. Elle s'exprime soit avec le mot **тIар**, qui signifie *dit-on*, soit par une forme composée avec le verbe auxiliaire *être*, par exemple **усса ур**.

On aura ainsi, au présent :
il semble qu'il pleuve **гъарал лачIлайнна дусса дур**
Au passé, on aura, par exemple :
on dit que mon ami est revenu **ттул дус зана ивкIун усса ур тIар**

Au futur, la construction est semblable, seul le temps du verbe change :
on dit qu'il pleuvra **гъарал лачIунссар тIар**

Les participes

Ils peuvent se présenter sous une forme complète ou une forme courte. La forme courte se présente de quatre façons distinctes :

- celle terminée en **-ай** qui correspond à un participe présent ou à une proposition relative au présent comme dans **хIачIай адимина** du verbe **хIачIан**, *boire*, *l'homme buvant*, c'est-à-dire *l'homme qui boit.*
- une autre forme terminée en **и** est aussi un participe présent comme dans **шанаши оьрчI**, *l'enfant qui dort* (dormant enfant) ou dans **чичлачи чагъар**, *la lettre qu'on écrit* (étant écrite lettre).
- une forme terminée par une consonne qui donne un participe passé comme dans **шавхь ччатI**, *pain frais* (fraîchement cuit) ou **гъаргъ тIама**, *bois coupé.*
- une forme terminée en **-у** qui est un participe passé comme dans **чичну чагъар**, *lettre écrite*, ou **бивкIу ниц**, *bœuf tué.*

Dans ce dernier exemple, on remarque que **ниц** étant de la classe (3) le participe prend les marques de classe soulignées, **б** et **в**.

La forme complète est semblable à celle des adjectifs. Ces participes sont d'ailleurs de véritables adjectifs dont la seule particularité est d'être formés sur un radical verbal. Leur désinence est donc **-сса** ou -**ма** (-**мур**, -**ми**). Il est clair que les participes en -**сса** ne s'accordent pas avec la classe du nom mais que ceux en -**ма** (-**мур**, -**ми**) le font. La marque de classe apparaît d'ailleurs partout où nécessaire et pas seulement en finale, comme dans les exemples suivants :

cet homme qui revient	**зана ивкIма адимина**
cette vieille femme qui revient	**зана диркIмур къари**
cette jeune fille qui revient	**зана бивкIмур душ**
ces hommes qui reviennent	**зана бивкIми арамтал**

La nuance entre la forme complète et la forme brève des participes n'est pas nécessairement perçue en français. Ainsi **гъаргъ тIама**, *bois coupé*, avec la forme courte, s'oppose à **гъаргъсса тIама**, *bois coupé*, ce dernier ayant un caractère général tandis que le premier désigne un morceau de bois particulier. On peut dire que la forme courte individualise le nom auquel elle s'applique.

Exemples d'emploi des participes
бучIантIисса оьрму, *la vie future* (qui vient)
шанашисса ччиту, *le chat qui dort*
буллалисса марххала, *la neige qui tombe*
On constate que les participes du lak se traduisent le plus souvent par une relative en français et qu'ils se placent, comme les adjectifs, avant les noms qu'ils déterminent.

Les gérondifs

En français, la locution *en faisant* est un gérondif. En lak il en existe un assez grand nombre qui ont des usages divers, notamment comme composants de certaines formes verbales. Parmi les gérondifs du lak, on compte un gérondif présent, un gérondif passé et un gérondif futur. Ils se caractérisent tous par une terminaison **-ай**, **-ий**, **-уй**, **-ну** (-**н**).

Le gérondif le plus employé est **куну**, littéralement *en disant*, utilisé pour le discours indirect.

Un autre gérondif très fréquent est **тIий** du verbe **тIун**, *dire*. Il forme des gérondifs qui indiquent l'intention et se suffixe à l'infinitif du verbe..

Exemple :

je travaillerai (j'en ai l'intention) **на зун тIий ура**

Le gérondif **уну**, *étant*, du verbe *être* (**ур** / **бур** / **дур**) intervient dans la traduction des propositions subordonnées du français. Sous sa forme **уний** (**буний** / **дуний**), il rend les expressions *où est* et *quand est.*

Exemples :

là où il y a le soleil, il y a la lumière

баргъ буний, чанигу буссар

(soleil / où-est / lumière / est)

Ce gérondif prend les cas des locatifs, ce qui donne les formes suivantes :

уния (**буния** / **дуния**) pour le cas indiquant la provenance,

унийн (**бунийн** / **дунийн**) pour le cas indiquant la proximité.

унинай (**бунинай** / **дунинай**) pour le cas indiquant la direction.

Les gérondifs du passé suivis d'une postposition ou d'un suffixe permettent de traduire diverses tournures françaises.

Le suffixe **махъ**, *après*, ajouté au gérondif du passé, traduit *après que* :

Exemple :

après que je sois parti du Daghestan

на Дагъустанная лавгун махъ

Le suffixe **кун** ajouté à la troisième personne du présent produit un gérondif qui indique une comparaison et peut se traduire par *comme suit.*

Exemple :

fais le travail comme suit.

багьай-кун даву да

Le suffixe **авай(к)** ajouté au radical verbal donne une idée de proximité d'un événement.

Exemple :

il va bientôt pleuvoir **гъарал лачI-авайк дур**

Le suffixe **хьур** indique les circonstances de l'action

Exemple :

quand tu auras de l'argent, achète des livres

вичIара арцу диявхьур луттирду ласи

Le suffixe **хту** ajouté à la troisième personne du présent traduit *dès que*.

Exemple :

dès qu'il arrive, va-t-en **та учIай-хту, насу**

Le suffixe **тари**, auquel on peut ajouter **гьар**, *chaque*, se traduit par *à chaque fois que*, *quand*.

Exemple :

à chaque fois que j'écris, tu me déranges

на чичай-тари, ина ттухун ахчилан икIара

(je / lisant-chaque fois / tu / déranger / te-trouves)

Les gérondifs des verbes auxiliaires s'emploient fréquemment. Ces gérondifs sont : **куну**, **тIий**, **уну**, **уна**, **уний**.

Les trois derniers gérondifs s'accordent avec la classe nominale.

Le gérondif **уний** (**буний**, **дуний**) marque des circonstances de temps ou de lieu et peut se traduire *qui est* ou *quand est*. Il prend les désinences des cas locatifs.

Résumé

Pour essayer d'être complet, les temps et modes du verbe lak sont les suivants (les désinences indiquées sont celles de la première personne du singulier) :

<u>présent général</u> désinence -**ра** ou **-ара**

<u>présent continu</u> suffixe -**на** et emploi d'un verbe auxiliaire

<u>passé indéfini</u> -**ав** et -**арду** au pluriel

passé continu
futur indéfini — suffixe **-ан / -лан / -аван**
futur

Il faut y ajouter des formes qui indiquent l'incertitude, un fait dont on a entendu parler mais dont on n'est pas témoin.

conditionnel présent

La désinence ajoutée au radical est **тий-ния**

Il existe en outre une longue série de gérondifs qui servent pour des formes verbales composées.

gérondif présent

Il emploie l'un des suffixes **-ай**, **-ий, -уй** ou **-ну**

Exemples :

зий, *en travaillant*, du verbe **зун**, *travailler*
шанай, *en dormant*, du verbe **шанан**, *dormir*

gérondif passé

Il se forme sur le passé défini avec le suffixe **-ну**

Les formes négatives

On forme le négatif des divers temps verbaux grâce au préfixe **къа**. Toutefois ce préfixe peut aussi se placer en infixe, après la première syllabe du verbe au lieu du tout début.

Exemples :

je n'écris pas (à cet instant) **на къачичлай ура**
ou bien **на чикъачлай ура**
tu n'écris pas **ина къачичлай ура**
il n'écrit pas **танал къачичлай ур**

(**танал** est au cas ergatif si le verbe est transitif, c'est-à-dire s'il a un complément d'objet ; sinon, sans complément d'objet, on emploie le nominatif **та** au lieu de **танал**)

nous n'écrivons pas **жу къачичлай буру**
vous n'écrivez pas **зу къачичлай буру**
ils n'écrivent pas **тай (тайннал) къачичлай бур**

та 1 (gén. sing. -нал I, -нил II, III, IV, nom. pl. тай, gén. pl. тайннал I, II, тайннул III, IV) 1. pronom personnel sing. : il, elle, ce ; 2. marque de la direction : celui, celle-la, cela.

A toutes les personnes, la forme **къачичлай** peut être remplacée par **чикъачлай**.

Avec l'autre forme du présent exprimant une action qui s'effectue de façon générale ou habituelle, on a :

je n'écris pas **на къачичара**
ou bien **на чикъачара**
tu n'écris pas **ина къачичара**
etc.

On peut aussi exprimer la négation avec un auxiliaire selon le modèle suivant :

je n'écris pas (à cet instant) **на чичлай акъара**
tu n'écris pas **ина чичлай акъара**
il n'écrit pas **танал чичлай акъар**
nous n'écrivons pas **жу чичлай бакъару**
vous n'écrivez pas **зу чичлай бакъару**
ils n'écrivent pas **тай (тайннал) чичлай бакъар**

Cette forme d'exprimer la négation ne s'emploie qu'avec le présent instantané et pas avec le présent général.

L'auxiliaire de cette dernière forme de négation est à rapporcher de la négation du présent du verbe défectif *être* :

je ne suis pas **на акъара**
tu n'es pas **ина акъара (дакъара, бакъара)**
il n'est pas **та акъар**
nous ne sommes pas **жу бакъару**
vous n'êtes pas **зу (1-3) бакъару, (4) дакъару**
ils ne sont pas **тай (1-3) бакъар (4) дакъар**

Му сияхIраву на акъара - *je ne suis pas sur cette liste.*

je ne suis plus **на акъассара**
tu n'es plus **ина акъассара (дакъассара, бакъассара)**
il n'est plus **та акъассар**
nous ne sommes plus **жу бакъассару**
vous n'êtes plus **зу** (1-3) **бакъассару**, (4) **дакъассару**
ils ne sont plus **тай (1-3) бакъассар, (4) дакъассар**

Ex.: **Утти на зущал акъассара -** *je ne suis plus avec vous (je suis partie).*

Avec le verbe *donner*, **булун**, on a :

je ne donne pas **на къадулав**
tu ne donnes pas **ина къадуллунни**
il ne donne pas **танал къадуллунни**
nous ne donnons pas **жу къадуларду**
vous ne donnez pas **зу къадуллунни**
ils ne donnent pas **кIайннал тайннал къадуллунни**

Les aspects verbaux

Presque tous les verbes peuvent apparaître sous trois aspects qui expriment : le début de l'action (inchoatif), une action qui se prolonge ou se répète fréquemment, une action qui se reproduit parfois. Avec le verbe *écrire*, *prendre* etc. l'expression du mode verbal fait appel à un infixe comme **л** ou **ав** Par exemple, le verbe **ласун** *prendre*, donne **лас-ав-ан**, *prendre parfois*, ou **лас-л-ан**, *prendre systématiquement.*

L'inchoatif

La forme verbale qui exprime qu'une action commence s'exprime avec l'auxiliaire **икIан (бикIан / дикIан)**, *être* :

j'ai commencé à écrire **на чичлан ивкIра**
tu as commencé à écrire **ина чичлан ивкIунна**
il a commencé à écrire **та чичлан ивкIунни**
nous avons commencé à écrire **жу чичлан бивкIру**
vous avez commencé à écrire **зу чичлан бивкIунну**
ils ont commencé à écrire **тай чичлан бивкIунни**

Le causatif

On le forme en insérant la syllabe **ан**, liée au verbe **бан**, *faire*, après la marque de classe, si le verbe en comporte une.

Exemple :
j'ai écrit une lettre à la demande du garçon
оьрчI-ал ттухь чагьар чичин бунни
le garçon a fait que l'on m'écrive une lettre
оьрчI-ал ттучIан чагьар чичин бунни

Quelques remarques : **оьрчI** est à l'ergatif puisque le verbe est transitif ; **ттухь** est un cas oblique de **на**, *je* ; **чагьар**, *lettre*, est au nominatif comme complément d'objet direct d'un verbe transitif ; quant à **бунни**, c'est plus compliqué, le **б** est la marque de la troisième classe, celle de **чагьар**, le reste du verbe est une forme du passé de **бан**, *faire*.

ласун (лавсун / ларсун) *prendre*

Traduction du verbe *avoir*

Il n'y a pas, en lak, de verbe *avoir* à proprement parler. On emploie l'adjectif **усса**, *qui a* et le sujet du verbe *avoir* est au cas adessif (de désinence **чIа**):

On peut ainsi traduire :

j'ai	**ттучIа дуссар (дурив)**
tu as	**вичIа дуссар**
il a	**таначIа дуссар**
nous avons	**жучIа дуссар**
vous avez	**зучIа дуссар**
ils ont	**тайнначIа дуссар**

L'initiale du verbe change avec la classe du nom possédé.

il a mon livre	**танахь ттул лу буссар**
nous avons un chat	**жул ччиту бур**

S'il s'agit d'un fils, la marque de la première classe est l'absence de préfixe :

j'ai un fils	**арс уссар**

A la forme négative, on a :

je n'ai pas	**ттучIа дакъассар**
tu n'as pas	**вичIа дакъассар**
il n'a pas	**таначIа дакъассар**
nous n'avons pas	**жучIа дакъассар**
vous n'avez pas	**зучIа дакъассар**
ils n'ont pas	**тайнначIа дакъассар**

On peut aussi exprimer le verbe *avoir* en faisant appel au génitif du nom, comme le montrent les exemples suivants :

j'ai un livre	**ттул ца лу бур**
(de-moi / un / livre / est)	

Au passé,

j'ai eu un livre	**ттучIа буссия (3) лу**
j'ai eu un dessin	**ттучIа дуссия сурат (4)**
je n'ai pas eu	**ттучIа дакъассия**

Les suffixes verbaux

Certains peuvent considérer que les formes **бур**, **дур** ou **ур** que nous venons de voir sont des suffixes. En fait, il en existe un grand nombre d'autres, de plus ou moins grande fréquence. Certains forment des gérondifs et nous les évoquerons plus loin. En voici quelques autres parmi les plus importants qui permettent souvent de traduire ce qui serait, en français, des propositions circonstancielles, de temps ou de lieu :

сса forme des adjectifs et des adverbes. Il peut aussi exprimer la certitude, comme dans l'exemple :

il est là	**та ур тикку**
il est vraiment là	**та уссар тикку**

ай exprime qu'une action a un caractère général.
Exemple :
l'oiseau vole (il sait voler) **лелуххи леххай**

ни exprime la simultanéité de deux événements
sans pluie, c'est la sécheresse
гъарал дакъани, къурагьшиву дикIайссар
(pluie / est-pas / sécheresse / ???)

нав / вуй sert à former un vœu, comme dans l'exemple :
que meure votre ennemi **зул душман ивчIивуй**

ккар exprime l'incertitude.

Exemple :
il paraît qu'il est sorti **та лавгнуккар**
(il / sorti-semble-t-il)

кьай renforce les impératifs.
Exemple :
travaille donc **зузу-кьай**

ай exprime qu'un verbe a un caractère général.
Exemple :
l'oiseau vole (il sait voler) **лелуххи леххай**

хту indique qu'une action suit immédiatement une autre.
Exemple :
та лагайхту, на увкIра *il venait juste de partir que je suis arrivé*
ттун чIу баяйхту, на ивзра *dès que j'ai entendu un cri, je me suis levé*

L'interrogation

Les principaux interrogatifs sont :

qui ?	**цу?** / au pluriel **цва?**
On rencontre aussi les formes	
цума? / цумур? /	**цуми?**
quoi ?	**ци?**
combien ?	**цими? / циксса?**
combien coûte ?	**ссан дур?**
comment ?	**цукун?**
pourquoi ?	**циван? / цан?**
où ? (sans mvt)	**чу? / чув?**
où ? (avec mvt)	**чун?**
d'où ?	**ча? / чату?**
quand ?	**ци чIумал? / та?**

Il est intéressant de noter que **циван** est formé de **ци**, *quoi*, suivi de la marque de la 3e classe et du verbe *faire*. C'est, à proprement parler, *il fait quoi*.

Attention, les interrogatifs se déclinent mais la racine des cas obliques est nettement différente du nominatif indiqué ci-dessus. Pour *qui*, les cas obliques sont formés sur **щи** et pour *quoi* sur **сса**. On aura donc, par exemple, **щил**, *de qui* (génitif de **цу**) ou **ссан**, *à quoi* (datif de **ци**).

L'interrogatif *quel*, en tant qu'adjectif, prend les terminaisons convenables :

quel ? **цукунсса? / цукунма? / цукунми?**

Les verbes au mode interrogatif

Les suffixes verbaux **в / ва / ви / ву** employés exclusivement avec des verbes à la première personne (singulier et pluriel) donnent un sens interrogatif.

Exemples :

où nous asseyons-nous ? **чу щябикIаву?**

comment faire ? **цукун бави?**

De la même façon, les suffixes **ав (яв)**, **ив** et **ув** produisent des formes interrogatives aux autres personnes.

Exemples :

viens-tu ? **ина учIаннав?**

venez-vous ? **зу бучIаннув?**

y a-t-il de l'argent ? **арцу дурив?**

sont-ils revenus ? **тай зана хьурив?**

où est le père? **ппу уссияв?**

Les pronoms indéfinis

Ils se forment à partir des pronoms interrogatifs grâce aux suffixes **-яв, -рив,** ou bien en ajoutant l'indéterminé **унугу** avec l'indice de classe convenable

quelqu'un **цуяв / цурив / цума-унугу**

quelque chose **ци-дунугу**

Les conjonctions

Les conjonctions de coordination sont
ва et **гу**, *et*, ainsi que **мукунма**, *aussi ;*
цанчирча *parce que* **я, ягу** *ou*
анма *mais* **агар** *si*
анжагъ *seulement*

Les adverbes

Les adverbes de manière se caractérisent par des suffixes **на** ou **ну** ajoutés à un nom ou à la forme courte des adjectifs.

Exemples :

fortement	**гужну**
loin	**архну**

En lak, les adverbes de lieu sont d'une extrême précision. Pour dire *ici* ou *là*, l'adverbe sera légèrement différent selon qu'il y a mouvement ou non mais aussi selon que le lieu désigné est à l'intérieur, sur le dessus, derrière quelque chose.

Exemples :

шикку	*ici* (sans mouvement)
шиккун	*ici* (avec mouvement)
шива	*d'ici* (provenance)
шиву / шивун	*ici* (à l'intérieur)
ший	*ici* (en haut)
шилу	*ici* (en bas)
гикку	*là* (sans mouvement)
гиккун	*là* (avec mouvement)
мива	*de là* (à l'intérieur)
миву	*là* (à l'intérieur)
мий	*là* (en haut)
мила	*de là* (en bas)
вив	*à l'intérieur*
вийх	*à partir de l'intérieur*

Les adverbes de temps peuvent être purs ou dérivés de noms

Certains adverbes sont rendus par des postpositions

La phrase

Les propositions relatives ou circonstancielles

Elles n'existent pas en lak et sont remplacées par les participes.

Exemple :

la marchandise qui sera vendue **дахлансса хъус**

Les propositions compléments d'un verbe

Dans une phrase comme *je n'entends pas ce que tu dis*, la proposition *ce que tu dis* est complément de *je n'entends pas*. En lak, cette proposition complément se place le plus souvent où se trouverait un complément d'objet simple, entre le sujet et le verbe. On aura ainsi :

ттун ина тIимур къабаллай бур

(**ина тIимур** signifie *tu dis*, et **къабаллай бур** *je n'entends pas*)

Les nombres

Le lak emploie un système décimal. Les nombres s'accordent avec la classe nominale. S'ils sont énoncés seuls, les nombres sont les suivants :

1	**ца**
2	**кIи**
3	**шам**
4	**мукь**
5	**ххю**
6	**рях**
7	**арул**
8	**мяй**
9	**урчI**
10	**ацI**
11	**ацIния ца**
12	**ацIния кIи**
13	**ацIния шам**
14	**ацIния мукь**
15	**ацIния ххю**
16	**ацIния рях**
17	**ацIния арул**
18	**ацIния мяй**
19	**ацIния урчI**
20	**кьу**
21	**кьуния ца**
30	**зуви**
40	**мукьцIал**
50	**ххюцIал**

60	**ряхцIал**
70	**арулцIал**
80	**мяйцIал**
90	**урчIцIал**
100	**ттурш (ттуршва, ттуршра)**
1000	**азар (азарва, азарда)**

Selon la classe du nom, ces nombres sont affectés d'un suffixe différent.

	Classe 1	Classes 2 et 4	Classe 3
1	**цая**	**цара**	**цава**
2	**кIия**	**кIира**	**кIива**
3	**шама**	**шанна**	**шанма**
4	**мукьа**	**мукьра**	**мукьва**
5	**ххюя**	**ххюра**	**ххюва**
6	**ряха**	**ряхра**	**ряхва**
7	**арула**	**арулла**	**арулва**
8	**мяйя**	**мяйра**	**мяйва**
9	**урчIа**	**урчIра**	**урчIва**
10	**ацIа**	**ацIра**	**ацIва**
20	**кьуя**	**кьура**	**кьува**
30	**зувия**	**зувира**	**зувива**

Les noms de dizaines à partir de 40 (40, 50, 60 etc.) ont le suffixe **-ла** pour les classes 1, 2 et 4 mais **-лва** pour la cl. 3.

Pour former les nombres de 11 à 19, on ajoute au nombre 10 (**ацI**) le suffixe **ния** suivi du nombre convenable. Exemple :

17 ацIния арул

Pour former les nombres de 21 à 29, on ajoute à **кIи** le même suffixe **ния** suivi du nombre convenable.

Exemple :

28 кьуния-мяй

кьуя signifie *vingt*.

Pour former les nombres de 31 à 39, on ajoute à **зувиллий** le nombre convenable.

Exemple :
35 зувиллий ххю **зувия** signifie *trente*.

Pour former les nombres de 41 à 49, on ajoute à **мукь-цIал**, qui signifie *quarante*, le nombre convenable.
Exemple :
44 мукьцIаллий мукь

Pour former les nombres de 51 à 59, on ajoute à **ххюцIал**, qui signifie *cinquante*, le nombre convenable.
Exemple :
54 ххюцIаллий мукь

Pour former les nombres de 61 à 69, on ajoute à **ряхцIал**, qui signifie *soixante*, le nombre convenable.
Exemple :
62 ряхцIаллий кIи

Pour former les nombres de 71 à 79, on ajoute à **арулцIал**, qui signifie *soixante-dix*, le nombre convenable.
Exemple :
78 арулцIаллий мяй

Pour former les nombres de 81 à 89, on ajoute à **мяйцIал**, qui signifie *quatre-vingt*, le nombre convenable.
Exemple :
87 мяйцIаллий арул

Pour former les nombres de 91 à 99, on ajoute à **урчIцIал**, qui signifie *quatre-vingt dix*, le nombre convenable.
Exemple :
97 урчIцIаллий арул

A partir de cent, voici quelques nombres :

100	**ттурша (ттуршва / ттуршра)**
101	**ттуршлий цая (цава / цара)**
200	**кIиттурша (кIиттуршва/кIиттуршра)**
1000	**азара (азарва / азарда)**
2000	**кIиазара (кIиазарва / кIиазарда)**

Les nombres sont suffisants pour indiquer la quantité, ce qui implique que le nom des objets comptés ne prennent pas le pluriel : on dira **азарда къуруш**, *mille roubles*, en remarquant le **д** de la classe dans le nom de nombre.

Les nombres ordinaux

Leur formation est assez complexe : on ajoute au nombre cardinal le suffixe **чин** tiré du verbe **учин**, *dire*, puis l'un des suffixes **-сса, -ма**, **-мур** ou **-ми**, selon la classe du nom auquel l'ordinal se rapporte. La première classe emploie **-ма**, les deuxième, troisième et quatrième classes **-мур**, et le pluriel **-ми**. On aura ainsi :

premier **цалчинсса / цалчинмур / цалчинма**
troisième **шамулчинсса / шамулчинма**
septième **арулчинсса / арулчинма**
onzième **ацIния цалчинсса** etc.
dernier **махъа-махъ-сса**

Exemples :
premier homme (classe 1) **цалчинма инсан**
première femme (classe 2) **цалчинмур щарсса**

Les nombres ordinaux ne se déclinent que s'ils sont pris de façon substantive et ne sont pas attachés à un nom. Dans les autres cas, ils se déclinent comme des adjectifs.

Nombre de fois

Pour former les expressions indiquant *combien de fois*, on ajoute à la forme courte du nombre le suffixe -**лла**

une fois **цала / цалла**
cinq fois **ххюйла (ххюйлва, ххюйлла)**
vingt fois **кьуйлла**

Ce suffixe apparaît dans les multiplications :
deux fois deux, quatre **кIилла кIива – мукьва**

Le mot **цал** lui-même signifie *fois*.

Pour dire *deux par deux*, *trois par trois* etc. on se contente de répéter le numératif.

deux par deux **кIи-кIива**

Les fractions

Les mots pour dire *partie* et *moitié* sont

moitié **дачIи**

partie **бутIа**

Pour dire, par exemple, *un tiers* (1/3), la tournure est :

шанма бутIул ца бутIа (trois-de / parties-de / une / partie)

Vocabulaire

Le vocabulaire lak moderne n'est pas homogène. Il est formé par trois strates différentes.

La première, dont les origines remontent à l'antiquité, est représenté par les ***mots communs*** à toute la famille des langues nakho-caucasiennes, à leur proto-langue. Etroitement attachée à elle, se trouve la strate des ***mots indigènes*** laks. Et enfin, la troisième est formée des ***emprunts*** des langues qui n'ont aucune parenté génétique ni linguistique avec le lak. Son apparition est liée aux conditions historiques et commence avec le développement des relations multilatérales étroites du peuple lak avec d'autres ethnies.

La formation de la langue lak en tant qu'unité autonome est liée, entre autre, à la création de ces propres lexèmes, absents dans la proto-langue. Ce sont ces mots que nous appelons indigènes. Pour illustrer ce propos, nous prenons le couple synonymique **дакI / къюкI** (le coeur). Le premier, avec des variantes, se rencontre dans toutes les langues daghestanaises, tandis que le second est uniquement à l'usage local lak.

Les causes des emprunts linguistiques peuvent varier autant que les destins des peuples et leur développement historique. Une partie des arabismes a intégré le lak grâce à l'islam, directement de l'arabe, une autre partie à travers les langues turques et persanes, également riches en arabismes. Les Laks, peuple d'artisans, étaient dans un mouvement incessant. Durant les différentes périodes, la communication des Laks avec les Koumyk au nord, les Azéris et les Perses au sud fut assez intense. Les relations avec ces peuples à long terme exigèrent des Laks la connaissance de leurs langues.

Le caractère des emprunts des langues turques et iraniennes se différencie de celui de l'arabe. Pour les premiers, dominent les désignations des choses concrètes : fruits, épices, instruments de musique, armes ; alors que de la langue arabe, en lak sont passées essentiellement les notions abstraites et les termes religieux et mystiques.

Tous les mots d'emprunt ne sont pas obligatoirement fixés par la langue. Ainsi, dans une source manuscrite lak, **Ханнал Мурад** (*désir du Khan*), datée de 1734, se rencontrent en nombre les termes médicaux et botaniques arabes, perses et turcs, par exemple **булгъам** *flemme* **жузам** *lèpre* **къуланж** *coliques* **никьрас** *goutte* **райхIан** *basilique* **разиян** *aneth* qui n'ont jamais été assimilés par la langue parlée et sont devenus des archaïsmes.

Fragment d'une carte de la région du Daghestan ; les villages laks, 1860

Les arabismes

Le lak est riche en arabismes. Pourtant, aucun territoire habité par les Arabes n'a de frontières avec le Daghestan. La seule source en était l'islam. Avec le temps, au pays lak apparut une couche de population maîtrisant l'arabe et le propageant parmi les siens. Les traductions des livres arabes sacrés et profanes, l'enseignement en arabe des disciplines telles que l'astronomie, la géographie, l'arithmétique, l'algèbre etc. dans les écoles auprès des mosquées, influencèrent ces emprunts. Contrairement à l'influence des langues kumyk ou azéri, résultant d'une fréquentation quotidienne, l'emprise de la langue arabe s'est opérée en absence de contacts directs avec le peuple porteur de cette langue.

Quelques arabismes après leur absorption par le lak se sont modifiés phonétiquement. Dans les variantes laks des mots arabes, les phonèmes sourds sont remplacés par des sonores : **садакьа** *aumône* **пасихI** *éloquent* **ватан** *patrie* **париза** *devoir* **аьтри** *esprits*. Le ***f*** arabe se change en ***p*** lak : **фахр – пахру** *fierté*, **фикр – пикри** *pensée*, **фагьм** *compréhension*, **пагьму** *capacité*, *talent* ; le **къ** change contre le **кь** laryngal lak : **факъир – пакьир** *pauvre*, **якъут – якьут** *rubis*, **халкъ – халкь** *peuple*.

Avec l'islam, le lak adopte la plupart des termes religieux. **Аллагь** *Allah*, **вахIий** *qui envoie les révélations*, **малаик** (pl.) *anges*, **рухI** *âme*, **гъази** *combattant de la foi*, **кьадий** *juge*, **хIажи** *pèlerin*, **алжан** *paradis*, **ссиратI** *enfer*, **дин** *religion*, **дуаь** *prière*, **зикри** *zikr*, *choeur rituel*, **садакьа** *don*, **кьисмат** *sort*, **мизит** *mosquée*, **минара** *minaret* ; également **килиса** *église*, **Кьуран** *Coran*, **Инжил** *Evangile* **Ттаврат** *Torah* (pentateuque), **ссунат** *circoncision* etc.

Du domaine parlé : **лугъат** *dialecte*, **масала** *fable*, **жаваб** *réponse*, **хавар** *message*, *conte*.

Des objets : **ссят** *l'heure*, **таж** *couronne*, **кирпит** *allumettes*, **кьялан** *crayon*, **къапила** *caravane*, **ххазина** *trésor* (de l'arabe ***khazna*** qui a donné ***magasin*** *fr. et* ***казна*** russe). **Аквар**, *l'appel du muezzin*, vient de ***akbar***, de l'invocation ***Allahu akbar***, *Dieu est le plus grand*.

De la société : **инсан** *l'homme*, **адимана** *l'homme* (Adam), **элимчу** *savant*, **ясир** *prisonnier*, **ятин** *orphelin*, **халкь** *peuple*, **дуниял** *monde*, **махлукьат** *l'humanité*. [2]

---

2 **Алмас** *diamant*, **маржан** *corail* ; **маймун** *singe*, **тIавус** *paon*, **рух** *oiseau mythique ;* **гъалатI** *erreur*, **бухар буххан** *devenir fou*, **гъурват** *la terre étrangère*, **гьава** *air*, **гьявас** *désir, passion*, **энад** *volonté*, **жавгьар** *noyau*, **хIис** *sentiment, impression*, **хIажат** *besoin*, **хIая** *honte*, **хIикмат** *miracle*, **хIурмат** *respect*, **хIакин** *docteur*, de l'arabe : ***hakim***) etc.

Se sont produits quelques glissements sémantiques entre l'arabe et le lak, par exemple (les mots arabes sont toujours en transcription cyrillique) :

arabe	lak
хIазз *bonheur*	**хIаз** *plaisir, jouissance*
давлат état, puissance	**давлат** *richesse*
манзил *habitation*	**манзил** *temps, distance*
ихтияр *choix*	**ихтияр** *droit*
инсаф *justice*	**инсап** *conscience morale*
халкъ *créatures*	**халкь** *peuple*
афдал *meilleur, digne*	**авдал** *bienheureux, fou*

Influence perse

La langue iranienne à laquelle le lak empruntait directement fut **парси маз**, *le persan,* le peuple iranien étant connu par les Laks sous le nom de **къажар**. Le roi lak Shergir combattit du côté des Perses au Ve siècle contre les Grecs et les Arméniens. Pendant toute la première moitié du XVIIIe siecle, Nadir-shah d'Iran et Khan Sourkhaï II Хъунбутта, souverain lak, se livrent des batailles sanglantes : l'expansionnisme des iraniens heurte la fierté minoritaire lak qui, tout en défensive, parvient à maintes reprises non seulement à prendre et piller mais à annexer et gouverner les villes perses importantes tels Derbent et Shemaha.

Парси мазрай гьалгъа тIий на хIайран мабулларда – *ne me séduis pas en parlant la langue perse* ; ce dicton populaire souligne l'élégance de la langue perse que nombre d'intellectuels laks maîtrisaient, notamment par la lecture des livres iraniens. Quantitativement, il y a moins d'emprunts perses que d'arabismes et de mots d'origine turque dans le lak.

Les noms d'animaux des pays chauds : **гамуш** *buffle*, **жайран** *gazelle*, **паланг** nom général des *félins*, **пил** *éléphant*, **каргадан** *rhinocéros* ; **аждагьа** *dragon.*

Жанавар *bête, prédateur*, **бидав** *cheval rapide.*

Les noms d'épices et de plantes : **михак** *girofle*, **дарчин** *cannelle*, **бигъ** *coing*, **бадан** *amandes*, **ппиринж** *datte,* **памма** *coton.*

Парча *brocard*, **чядра** *tchador*, **пардав** *rideau*, **ххуржин** *double sac de voyage* ; **каманча** *kemantche, vielle*, **тар** *tar, instrument à cordes pincées* ; **зумрут** *émeraude*, **чини** *porcelaine*, initialement en provenance de Chine ; **хана** *maison*, **дарваза** *portes cochères*, **туман** *une dizaine* (billet rouge de banque, valeur 10 roubles).

Quelques adjectifs : **шад** *joyeux*, **кутIа** *court*, **кугьна** *vétuste*, **турш** *aigre*. L'adjectif perse **дурус** *exacte*, *précis* — est employé en lak en tant qu'adverbe ou avec les verbes **хъун** *devenir* et **бан** *faire* ; en tant qu'une forme verbale complexe : **дурус ацIра ссят дур** *à dix heures précises*.

Душман *ennemi*, **дус** *ami* (*dost* en perse), **шагь** *shah*, **дарзи** *couturier*, **заргар** *orfèvre*, **таммал** *paresseux*, **кумаг** *aide* (persan ***komak***).

Тахта *planche*, **тараза** *perche de funambule*, **чарх** *roue*, **лула** *canon, tuyau* ; **занг** *cloche*, **дарс** *canyon* ; **ранг** *couleur*, **бахшиш** *cadeau*, **дард** *tristesse*, **азар** *maladie*, **бахт** *bonheur*, **панд** *occasion*, **нигь** *peur*, **бухьтан** *calomnie*.

Influence russe

Les mots empruntés au russe se transforment dans l'écriture et à la prononciation ; le **о** accentué est remplacé par le **у** (**кину** *cinéma*, **ккалхуз** *kolkhoz*), non accentué par le **а** : **ккамитIетI** *comité*, **ккамунист** *communiste*. Le **ф** russe, inexistant dans le lak, passe au **п** tout comme aux emprunts arabes : **пабрика** *fabrique*, **панар** (**фонарь** russ.) *lampe*. Les consonnes sont soit dédoublées soit renforcées : **учитIил** *professeur*, **ккарта** *carte*, **аьпттикI** *pharmacie*, **артIист** *artiste*. De nombreux mots communs passés au russe du gréco-latin sont intégrés dans le lak, tels **радиу** *radio*, **тIиатIир** *théâtre*, **библиатикIа** *bibliothèque*, **кIапIитIан** *capitaine* etc.

Notez que tout le vocabulaire technique ou moderne est purement et simplement russe. Nous n'avons donc pas donné systématiquement dans le dictionnaire des mots comme *aéroport*, *assiette, avion*, *document, hôpital*, *hôtel*, *justice, train, usine*, etc.

Influence turque

Pour cause de proximité historique, durant des siècles, les Laks, artisans ambulants, bergers nomades et paysans producteurs, maîtrisaient couramment les langues du groupe turc. Avec le départ des Shamkhals de Kazi-Kumukh, les liens avec les Kumyks se sont affaiblis. Après l'écrasement de l'insurrection du Daghestan en 1877 par l'Empire russe, un nombre croissant de Laks commença à parler russe ; la déportation de six à sept mille Laks par familles entières dans les régions éloignées de l'Empire russe n'y était pas étrangère.

Quelques exemples d'emprunts aux langues turques :

мангъал *rôtisserie*, **къазан** *chaudière*, **виргъан** *couverture*, **башмак** *chaussures*, **чантай** *sac*, **къала** *forteresse*, **тоьвла** *écurie* ; **аслан** *lion*, **юргъа** *cheval pur sang*, **балугъ** *poisson*, **тарлан** *faucon*, **чакъал** *chacal* ; **баламан** *flûte*, **зюннав** *zurna* (hautbois*)* ; **ярагъ** *armes*, **чапар** *envoyé*, **чупан** *berger*, **илчи** *ambassadeur*, **паччахIлугъ** *état*, du turc ***paşalık***, etc.

Bilinguisme lak-russe et russe-lak [3]

Les relations entre la langue russe et le lak se multiplient exponentiellement à partir du premier tiers du XIXe siècle. Depuis la capture de Shamil en 1859 et l'annexion définitive du Daghestan, ces contacts deviennent incontournables. Avant 1917, à cause de l'usage courant des lettres arabes et le regroupement des populations autochtones, la pénétration des russismes dans le lak est réduite à des assimilations phonétiques. Durant la période soviétique, de 1917 jusqu'à la fin des années 1980, les contacts se renforcent. Durant cette période la langue basée sur le dialecte de Kumukh se codifie en langue littéraire dotée d'un système d'écriture cyrillique. Les écoles primaires et secondaires dans les villages enseignent en lak, les manuels d'école sont en lak et, à l'université, dictionnaires et grammaires sont édités. Des émissions de radio, un théâtre national, des journaux régionaux lak voient le jour. Parallèlement, le lak commence

3 Patima Kardashova, maître de conférences. Extrait de l'article publié en 1999, réédition 2009, Université du Daghestan.

à être repoussé de la sphère légale, officielle, scientifique, sociale et politique. Il est confiné dans la vie privée. Le résultat est, peut-on dire, que le bilinguisme lak-russe est remplacé progressivement par le bilinguisme russe-lak. En conséquence, on constate un flux important d'emprunts au russe tels que de nouveaux substantifs, des notions techniques, la terminologie culturelle et épistémologique. Dans le cas de synonymes, le mot russe remplace définitivement son équivalent lak. Par exemple : le développement de la médecine russophone a pratiquement fait disparaître l'usage des noms vernaculaires des maladies **вабаъ** (*choléra*), **тIаоьн** (*peste*), **уран** (*cancer*), **касма** (*mycose*), **цIал** (*typhus*), **мусикъеп** (*rougeole*), **оьнкьучIи** (*diphtérie*), **ссатиржан** (*pneumonie*), **хъахъи цIулцIал** (*jaunisse*) etc.

Parallèlement, l'homonymie se développe. En réaction à l'invasion de mots étrangers que l'on cherche à rejeter, on fait revivre des archaïsmes et l'on forme des néologismes. La règle qui exige le maintien de l'orthographe des mots étrangers empêche leur adaptation phonétique et aide à maintenir l'étrangeté des russismes. Ainsi, en même temps, se développe une polysémie qui enrichit la langue lak.

Les anglicismes

Depuis peu, des mots anglo-américains passés par le russe font leur apparition, notamment mais pas exclusivement, dans le domaine de l'informatique ou du spectacle comme ***docker***, ***site***, ***show***, ***share***, ***user***, ***flash-mob*** etc.

Dialectes

D'un village à l'autre, on peut constater des différences dialectales. On dénombre une dizaine de variétés, réparties en deux groupes.

Les différences portent le plus souvent par des changements minimes de prononciation. Par exemple, le **ч** du dialecte principal devient **ц** dans un autre ou encore le **щ** du premier devient **сс** dans le second.

Le groupe occidental (dialectes chuintants)

• Dialecte ***Kumukh***, lak littéraire, **лакку маз**.
• Dialecte ***Vitskhi***, caractérisé par la dissimilation (**чичин-ду < чичин-ну** *nous écrirons*) et la réduction des voyelles devant les consonnes vocales (**трал** *peigne*, littéraire **ттарал**).
• Dialecte ***Vitskhi du nord*** : Kuba, Tchukna, Vitskhi, Kuma, Kundy, Tchara (Kara).
• Dialecte ***Vitskhi du sud*** — Baghikla, Shakhuva, Guïmi, Kamasha, Untchukatl, Karasha. La première monographie lak, parue à Tbilissi en 1890 à l'initiative du philologue Piotr Uslar, se base uniquement sur la langue parlée au village Kurkli, appartenant à ce groupe dialectal.
• Dialecte ***Arakul*** est le plus archaïque. Les personnes du genre féminin, à la différence de la lange littéraire, sont de la classe II (**ажа б-ур** *la mère est* - littéraire **нину д-ур**). Les noms des hommes au pluriel se rapportent à la classe I (**арсру д-ур** *les fils sont* - littéraire **арсру б-ур**). Participe avec les pronoms personnels est utilisé en fonction de la forme définie (**на дархxун** *j'ai vendu* - littéraire **на даххав**). Les formes propres des réfléchis (**цунала, цунила, цуналба** *le sien* - littéraire **цала, цила**). Les adverbes locales ne correspondent pas (**ани**, **агьани** *ici* - littéraire **шикку** ; **анагъа**, **агьанагъа** *d'ici* - littéraire **шичча**).
• Dialecte ***Balkhar*** (***Bartkhni***), de la région linguistique à dominante darghine dans les villages Balkhar, Kuli, Tsulikana, Ullutchara. Environ 3.000 locuteurs. Les noms des femmes impubères ne sont pas séparés en une classe à part. Les adjectifs prennent un affixe raccourci (**кIля-с** *blanc* - littéraire **кIяла-сса**). L'abruptif **кь** tombe tandis que la voyelle qui le suit se transforme en **о** (**оин** *couper* - littéraire **кьукьин** ; **аан** *dessécher* - littéraire **кьакьан**). Existe l'attribut du pluriel -**ў**, comme dans le dialecte de Vikhli.
• Dialecte ***Shadni***, seul dans le village éponyme de la région Dakhadaev, 290 locuteurs. Se développe en dehors du milieu lakophone, sous l'influence du darghin.
• Dialecte **Shalib** (***Shali***), dans le village éponyme.

Le groupe oriental (dialectes sifflants)

Région de Kuli, dans les villages Vikhli, Sukiakh, Ts'aïshi. Dissimilation et réduction des voyelles devant les consonnes vocaliques (**хьри** *la mer* - littéraire **хьхьири**). Substitution des fricatives par les affriqués (**бурцви** *gâteau* - littéraire **бурки** ; **цIви** *l'hiver* - littéraire **кIи**).

Les consonnes dédoublées demeurent dans toutes les positions (**ккваццва** *la jument* **ккваццри** *les juments*. La voyelle longue **ӱ** devient l'affixe du pluriel (**зунтту** *la montagne* **зунттӱ** *les montagnes*. Dans les formes impératives négatives à la place d'affixe littéraire -**ара** on utilise -**ав** (**мачич-ав** *n'écris pas !*)

• Dialecte ***Vatchi-Kuli***, concerne la plus grande partie de la région de Kuli (excepté le village Khosrekh, situé dans la zone linguistique littéraire de Kumukh). Plus de 10.000 locuteurs. Villages Vatchi et Kuli. Quelques variantes dialectales : celles du village Tsovkra I et de Soubatl sont intéressantes par le glissement des chuintantes (sauf les exceptions) aux sifflantes (**цани** *la lumière* - lit. **чани** ; **ссин** *l'eau* - lit. **щин** ; **санан** *dormir* - lit. **шанан**). Quelquefois est assimilé à un dialecte à part.

• Dialecte ***Kayalin***

Région de Kuli, villages Khoïmi, Kaya, Tsovkra II.

Vikhli, milieu du XXe siècle. Photo d'archive de A. G. Bulatova

II

DEUXIÈME PARTIE
Conversation courante

Mots et expressions d'usage courant

oui	**ди**
non	**къа / акъа / юх**
d'accord	**рязину / рязийра**
je suis d'accord	**на рязира**
je ne peux pas	**къашай**
je veux…	**на… ччай ура / ттун… ччай дур**
je ne veux pas	**къачча / ? - къаччва**
je sais	**ттун кIулли**
je ne sais pas	**къакIулли**
c'est possible	**бучIир**
ce n'est pas possible	**къабучIир**
merci	**барчаллагь**
s.v.p.	**зучIа / хъин икIу** **хъин бикIи** (au pluriel) / **миннатри**
aidez-moi	**кумаг бува**
au secours !	**вавшав! / гьуя-гьарай**
bonne route	**ххуллухъин баннав**
bonne santé	**цIуллу баннав**
et toi	**инагу**
et à toi	**винмагу**
le tien	**вила**
et vous	**зугу**
Salut !	**цалсса**
pas mal, acceptable	**мадарану**
comme-ci comme-ça	**бучIир**

Salutations et adieux

Pour saluer un groupe, on dit

comment allez-vous ? **цукун буру?**

Il n'y pas de vouvoiement en lak

comment vas-tu (monsieur)	**ина цукун ура?**
ou	**цукун ура?**
comment vas-tu (mademoiselle)	**ина цукун бура?**
ou	**цукун бура?**
comment vas-tu (madame)	**ина цукун дура?**
ou	**цукун дура?**

le *salut* arabe des musulmans	**ассаламу аьлайкум**
bonjour (homme / femme)	**ивзрав!**
bonjour (à une jeune femme)	**бивзрав!**
bonjour (à un groupe d'hommes)	**бивзрув!**
≈ Ça va?	**ци иш бур?**

bonjour, les filles et les gars
бивзрув, душрув ва оьрчIрув!

Il ne s'agit pas ici de demander la direction mais plutôt de poursuivre la conversation d'agrément :

Où vas tu?	**чун най ура?**
Où vas tu?	**чун най бура?**
Où allez vous ? (un groupe)	**чун най буру?**

Les réponses :

Et toi, où vas-tu ? (homme)	**ина чун най ура?**
Et toi, où vas-tu ? (jeune femme)	**ина чун най бура?**
Et vous, où allez-vous ? (pluriel)	**зу чун най буру?**

bonne nuit	**хьхьурду хъинну**
quelles sont les nouvelles ?	**хаварду ци бур?**

Pour se quitter, on dit le plus souvent le même mot de bénédiction que pour *merci*, **барчаллагь** ou **цалсса барчаллагь**

On peut dire aussi :

soyez le bienvenu	**аврав** (à un homme)
soyez la bienvenue	**баврав** (à une femme)
au revoir	**хъинну бикIи / сагъул**
portez-vous bien	**цIуллу уву / хъинну икIу**

Présentation

comment t'appelles-tu ?	**вин цIа цир?**
je m'appelle Kamil	**ттун цIа Камилли**
je suis un Lak	**на лаккучура**
je suis une Lak	**на лакку душра**
je suis Daghestanais	**на Дагъусттаннал инсанна**
d'où viens-tu ? (homme)	**ина чату увкIра?**
d'où viens-tu ? (femme)	**ина чату бувкIра?**
tu es le fils de qui ?	**ина щил арсра?**
tu es la fille de qui ?	**ина щил душра?**
où es tu né?	**ина чув увссара?**
je suis né à Moscou	**на увссара Москавлив**
je suis née à Bouïnaksk	**на бувссара Щурагь**
j'ignore ton (votre) adresse	**ттун вил адрес къакIулли**
voici mon adresse	**ва ттул адресри**
note mon adresse	**чича ттул адрес**

Remerciements

merci	**барчаллагь**
merci beaucoup	**хъунмасса барчаллагь**
merci, je me sens bien	**барчаллагь, ххуйну ура**

Excuses

je m'excuse / pardon	**багъишла / битияра**
excusez-moi	**багъишла**
excusez-moi	**ттун цIими хъанай бур**
je regrette	**на хIайп тIий бура**

Direction

je vais à la maison	**на най ура шавай** (l'homme)
allons à la maison	**ачу шавайн**
je désire aller à…	**ттун хьан чай бур**
conduisez-moi à…	**на биян бува / на иян ува**
allez moins vite	**хIурхIа хIаллих хьу**
lentement	**хIаллих**
à droite	**урчIахунмай / урчIах**

à gauche	**куяхунмай / киях**
	куях / куячулийн
gauche (côté)	**куя**
tout droit	**тIайланма / тIайлана**
allez tout droit	**тIайланма бачияра**
tournez à gauche	**куячулийн бачияра**
tournez à droite	**урчIахунай бачияра**
arrêtez-vous ici	**шикку бацIи (бацIияра)**
suivez-moi	**бачияра ттул хъирив**
un peu plus loin	**цахъис (цахъий) тихунмай**
attendre	**ялугьлан**
attendez un instant	**ца минутIрайсса**
ou	**чансса ссавур дува**
attendez-moi ici	**шикку ттух ялугьлагьу**
n'attendez pas	**маялугьларду**
ne sois pas en retard	**чIал машара**
tu es en retard	**чIал хьунна**
tu es un peu en retard	**ина цахъий чIал хьунна**
viens le plus vite possible	**ччяни ухьхьу**
dans quelle rue se trouve…?	**… цумур кучалий буссар?**
où est l'hôtel (auberge) ?	**чув буссар патир?**
s'arrêter à l'auberge	**патирдануву ликкан**
patron de l'hôtel (auberge)	**патирданул заллу**

Hôtel

avez-vous une chambre ?	**зул номер буссарив?**
	зул номер цумурди?
avec bain / douche	**ванналущал/душращал**
climatisée	**кондиционерданущал**
à quel étage ?	**цумур зивулий бур?**
donnez-moi la clé	**ттухьхьун кIула дулара**

réveillez-moi à 7 heures
на арулла ссят шайхту изан ува

je me lève à six heures (pour un homme)
на изара ссят ряххунний
je me lève à six heures (pour une femme)
на бизара ссят ряххунний

Restaurant

Au début du repas, il est d'usage, comme dans tous les pays musulmans, de se mettre en présence de Dieu en récitant la formule arabe (***bismi Allah ar-Rahman ar-Rahim***), *au nom de Dieu le miséricordieux*, qui s'écrit ainsi en lak **бисмиллагьи-р-рахIмани-р-рахIим.**

De même, à la fin du repas, il est d'usage de remercier Dieu par la formule arabe (***al-hamdulillah***), *louange à Dieu*, soit, avec l'écriture du lak, **алхIамдулиллагь**.

Pour vous nourrir, voici des éléments de phrases :

donnez-moi…	**дулара ттун / дулала / булара ттун**
montrez-moi le menu	**меню бургияра**
j'ai envie de cela	**ттун ва ччай дур**
j'ai faim	**на ккашилну ура**
apportez...	… **лавсун ухьхьу**
assiette	**бушкъап** (mot persan)
couteau	**чIила**
fourchette	**гьиссилу**
cuillère	**къуса**
verre	**стакан** (mot russe)
bouteille	**шуша**
shashlyk (grande brochette)	**цIарайхдикI** (4)
je veux du pain	**ччатI ччай бур**
donnez-moi l'addition	**хIисав дула**

Au marché

où puis-je acheter…?
ча машан ласун бюхъантIиссар…?

je désire…	**ттун… ччай дур**
montrez-moi…	**ттун ккаккан дува (дувара)**
pouvez-vous (*me*) *montrer*	**Ккаккан буван хьунссари**
combien coûte … ?	**ссан дур?**
combien coûte ceci ?	**ванил багьа цикссари?**
c'est trop cher	**му хъинну ххирар**
bon marché	**кьювкьусса**
c'est trop grand	**ва ттун хъунмар**
en avez-vous un autre ?	**зучIа цамур бурив?**

cela me plaît	**ттун му ххуй дизлай дур**
je préfère celui-là	**ттун тамур ччай дур**
j'achète	**на машан ласунна**
je n'ai besoin de rien	**ттун цичIав къааьркинни**

La santé

je suis fatigué	**на увхра / на увххун ура**
je suis fatiguée	**на дурхра**
il est fatigué	**та увххун ур**
elle est fatiguée	**та бувххун бур**
nous sommes fatigués	**жу бувхру**

On remarque le jeu de la classe nominale qui modifie l'initiale.

malade	**къашавай-сса**
maladie	**къашайшиву / цIуцIаву**
je suis malade	**на къашавай ура**
rhume	**аьнч-кинч** (3)
toux	**хъугьу**
rougeole	**мусикъеп**
avoir la rougeole	**мусикъеплил къашай хьун**
maladie de cœur	**къюкIлил азар**
j'ai une douleur au cœur	**къюкI цIий дур**
j'ai mal à la tête	**ттул бакI цIий бур**
j'ai mal aux dents	**ттул ккарччи цIий дур**
elle a mal à la tête	**танил бакI цIий бур**
j'ai de la fièvre	**ттун зурзу буллай бур**
docteur	**хIакин**

Les jours de la semaine

La plupart des noms sont tirés de l'arabe. Ce sont :

lundi	**итни**	(d'arabe *al tnin*)
mardi	**тталат**	(*talat*)
mercredi	**арвахI**	(*arba'a*)
jeudi	**хамис**	(*al khamis*)
vendredi	**нюжмар**	
samedi	**ххуллун**	
dimanche	**алхIат**	(*al had*)

la semaine	**нюжмар**
la journée (24 h)	**гьантта**
jour	**кьини**
nuit	**хьхьу**
dans la journée	**дяхтта**
à la nuit	**хьхьувай**
matin	**кІюрх**
temps	**чІун**
midi	**ахттайн чІун**
après-midi	**ахттакьун чІун**
soir	**маркІачІан**
minuit	**хъатІан**
aujourd'hui	**хІакьину**
demain	**гьунтти**
après-demain	**сарану**
après après-demain	**кьияну**
hier	**лахьхьу**
avant-hier	**цархьхьу**
il y a trois jours	**цархьхьу хьхьичІ кьини**

Les noms des mois sont ceux du russe

le mois / la lune	**барз**
éclipse de la Lune	**барз бугьаву**
le soleil	**баргъ**
éclipse du soleil	**баргъ бугьаву**

Les saisons

printemps	**инт**
au printemps	**интту**
été	**гъи**
en été	**гъинттул**
automne	**ссут**
en automne	**ссуттил**
hiver	**кІи**
en hiver	**кІинттул**
direction de la Mecque	**кьибла**

la boussole	**кьиблама**
côté	**чулухалу**
pays	**билаят**
le Nord	**ухссав**
le Sud, pays du ~	**кьирва, кьилвалул билаят**
l'Est, côté est	**баргъбуккавалу, баргъбуккай чулухалу, магъриб**
l'Ouest (le couchant)	**баргълагавал**

L'heure

quelle heure est-il ?	**ссят цими дур?**
à quelle heure ?	**цумур ссятраву?**
il est 8 heures 5	**мяйра ссят ва ххюра минутI**
il est 10 h moins le quart	**ацIра хьун ацIния ххюра минутI**
deux heures vingt	**кIира ссят ва кьура минутI**

cinq heures et demie (de six moitié) **ряххуннийл дачIи**

Vœux divers

bon anniversaire	**увсса кьинигу барча хьуннав!**
bonne année	**цIусса шингу барча хьуннав!**
félicitations !	**барча хьуннав!**
soyez heureux !	**талихI булуннав!**
bonne route !	**ххуллухъин баннав!**
c'est un homme vertueux	**салихIсса инсан ур**
condoléances	**алалав баву**
désolé	**язугъри**

nous sommes heureux de l'arrivé de nos invités
жу ххариру, хъамал бувкIун тIий

Les interjections laks :

ма! *tiens (la main)* ; **агьа! угьу! гьай!** *d'accord, oui*
да! *hé !, appel d'un homme* ; **ил!** *appel d'une femme*
гъай! вагъа! *appel d'animaux* ; **ява!** *attention !*
агьа-гьай! ваппабай! *étonnement* ;
ухьвай, ухь *la fatigue* ; **агь!** *la pitié* ; **угь!** *la douleur*

Les problèmes de langue

Pratiquement tous des Laks connaissent le russe. Cependant, il s'agit ici d'apprendre à communiquer en lak. Les phrases ci-dessous peuvent être utiles :

sais-tu parler russe ? **вин оьрус маз бусан кIуллив?**

parles-tu français ?
ина гьалгъа барав паланг мазрай?

vous (plur.) ne parlez pas anglais ?
зу гьалгъа къабарув ингилис мазрай?

qui, parmi vous, comprend le lak ?
зун цуманан бувчIай лакку маз?

connais-tu le lak ? **вин лакку маз кIуллив?**

à part le lak, quelle langue sais-tu ?
лакку маз бакъасса, вин цамур ци маз кIулли?

je voudrais parler avec toi
ттун вищал ихтилат бан ччай бур
je veux parler lak
ттун лакку мазрай ихтилат бан ччай бур

j'apprends le lak	**на лакку маз лахьлай ура**
je connais le lak	**ттун кIулли лакку маз**
que signifie ce mot ?	**ва мукъул мяъна цир?**
explique-moi ce mot	**ттун ва махъ бувчIин ба**
traduisez	**таржума бува**
traduis ceci	**ва таржума ба**
répétez	**тикрал ба (бувара / бара)**
répétez encore une fois	**цал уттигу тикрал ба**
comment dit-on… en lak ?	**цукун учару… лакку мазрай?**
que veut dire ceci ?	**мунил ци тIиссар?**
comprenez-vous ?	**зун бувчIайрив?**
comprends-tu le lak ?	**лакку мазрай вин бувчIайрив?**

je ne comprends pas **къабувчIай ттун бувчIлай бакъар**

je n'ai pas compris **ттун къабувчIунни**

je comprends très bien **ттун ххуйну бувчIлай бур**

je lis le lak mais je ne comprends pas tout
на лакку мазрай чивчумур буккара, амма гьарца за къабувчIай

parlez plus lentement **къахьунссарив зуща хIурхIа гъалгъа бан**

dictionnaire russe-lak **оьруснал ва лакрал словарь**

Quelques expressions

Nuit comme du lait (clair de lune) **НакI куннасса хьхьу**

Village comme une tête d'âne **Ттуккул бакIуксса щар**

*Un imbécile porte-t-il des cornes (*sa sottise n'est pas visible dès le premier regard*)* **Авлиянай хъиртту къабикIайссар**

Instruit comme la mer en profondeur
Хьхьирил чIан куна куртIсса (*profond* **куртIсса**)

Comme une poule qui n'arrive pas à pondre
Ккунук буван къашайсса аьнакIи куна

Un mot sans queue ni tête **БакI-магъ дакъасса**

Qui a vu en été un serpent, en hiver prend peur d'une corde
Шатта ккавкма, х1инчурая нигьа усайссар

Le caractère d'un homme se révèle lorsqu'il a de l'argent
Адиминал хIал кIулшайсса арцучIари

Il est bon d'avoir un vieillard à la maison
ИчIува хъуначув барачатссар

III

Cruches, ouvrage artisanal de la dinanderie lak

TROISIÈME PARTIE
Culture

Les sommets du Caucase côtoient les étoiles [4]

Derbent, les ruines de la citadelle.

Rappel historique

Comme la plupart de leurs voisins (Avars, Darghins, Artchis, Rutuls et Aguls), les Laks sont établis de longue date dans leur région, partiellement dans les montagnes du Caucase, partiellement dans les plaines du bord de la Caspienne. Dans les premiers siècles de notre ère, l'État d'Albanie (Alvanie) Caucasienne dominait le Sud du Daghestan et l'actuel Azerbaïdjan. Ses adversaires étaient l'empire romain et l'empire perse des Sassanides. Il se convertit assez tôt au christianisme. Sa capitale était Derbent (**Дарбант** ou **Чурул** en lak) dont la citadelle fut construite par les Sassanides au Ve siècle.

4 Eschyle, poète grec, Attique v.~526- v.~456

Selon la légende, le roi Khosrow Ier Anushirvan (532-570) construisit la forteresse de Gumuk, écrit aussi Kumukh, **Гъумучи** en lak et l'offrit en cadeau au roi de Sarir, état avar vassal du royaume khazar.

L'auteur arabe Al Masudi, de la première moitié du Xe siècle écrit, dans un livre sur les mines d'or et les pierres précieuses, que les Goumiks (nom des habitants de la forteresse des Laks) sont des paysans et qu'ils vivent en paix avec les Alains. Les ouvrages du Moyen Âge mentionnent fréquemment le Sarir, mot qui signifie *trône* et s'emploie pour désigner un pouvoir central dont les contours sont flous et varient dans le temps. On raconte que le souverain avait deux trônes, l'un d'or et l'autre d'argent, et qu'il s'asseyait sur celui en or quand il était de bonne humeur tandis qu'il prenait celui d'argent quand il était de mauvaise humeur.

A cette époque, les Huns mirent la main sur le Nord du Daghestan, suivis par les Avars du royaume de Sarir. Le royaume chrétien des montagnes du Daghestan central date de cette époque. Le royaume de Sarir fut un temps sous la domination des Khazars avant leur défaite au IXe siècle.

Les musulmans arabes sont entrés au Daghestan au VIIe siècle et remplacèrent les Perses dès l'an 664. Ils commencèrent à convertir les Laks qui se constituèrent alors en royaume avec **Гъумучи** Kumukh pour capitale. Ils prirent une part importante dans l'expansion de l'Islam dans la région. La première mosquée fut construite à Kumukh en l'an 777. Mais en 797 les Khazars repoussèrent pour un temps les Arabes hors du Daghestan.

Les Arabes avaient commencé par convertir la population des villes malgré des soulèvements de la population en 905 et en 913. L'islam s'étendit progressivement et au XVe siècle le christianisme de l'Albanie avait disparu, ne laissant comme trace que l'église de Datuna construite au Xe siècle.

Le royaume de Sarir se désintégra aussi sous la pression musulmane au début du XIIe siècle au profit du khanat de l'Avaristan qui fit face aux incursions mongoles en 1222 et 1239. En 1240, c'est une invasion de grande ampleur. Le siège de Kumukh dura six mois puis la ville tomba sous le nombre.

Après cette épreuve, un autre royaume musulman fut fondé sous le nom de Shamkhalate de Gazi-Kumukh. Il englobait les territoires du Daghestan et de la Tchétchénie actuels. A cette époque, les Turcs seldjoukides éliminèrent la culture arabe.

A la fin du XIVe siècle, des missions franciscaines introduisirent le catholicisme et créèrent l'Évêché des montagnes du Caucase qui connut un certain rayonnement.

En 1395, ce fut l'invasion de Tamerlan. Une bataille est connue sous le nom légendaire de Partu-Patima, dont on ne sait qui fut vainqueur.

A partir du XVe siècle, les Laks, soutenus par les califes turcs, rétablirent leur autorité sur leurs voisins et effectuèrent des raids jusqu'en Géorgie et en Azerbaïdjan.

En 1560, nonobstant des efforts pour s'allier au pouvoir central du tsar Ivan IV le Terrible, les Russes entrèrent au Daghestan et il s'ensuivit une suite interminable de conflits.

En 1641, le Shamkhalate se scinda en deux et une deuxième capitale fut établie à Tarki.

En 1725, un traité russo-turc plaça la région dans la sphère d'influence turque.

En 1741 eut lieu une invasion perse sous le règne de Nadir Shah. Elle fut repoussée à Turtchidag[5], au Daghestan par le khanat avar qui s'était reconstitué mais la Perse imposa un tribut à Shirvan et à la Géorgie.

En 1803, le khanat se soumit volontairement à la suzeraineté de la Russie par le traité du Gulistan mais la Perse mit plus de dix ans à reconnaître le Daghestan comme possession russe. A partir de 1820, le khanat perd, en fait, son indépendance.

Cependant l'administration russe se rend impopulaire auprès des populations du fait des impôts écrasants, de l'expropriation de propriétés et de la construction de forteresses (dont Makhatchkala). Dans les années 1830, les mouvements de révolte contre la colonisation se multiplient sous la direction des imams du Daghestan, Ghazi Mohammed (1828-32), Gamzat-bek (1832-34) et Shamil (1834-59).

C'est ce que les historiens désignent comme la guerre du Caucase (1817-1864). Durant cette guerre, l'imam Shamil (1797-1871), d'ethnie avar, mène les actions les plus efficaces contre la Russie vers l'année 1843. Il est capturé en 1859.

En 1877, une insurrection générale se déchaîne, en partie à l'instigation de la Turquie.

De 1917 à 1920, est créée la République des Montagnards qui rassemble les peuples du Caucase du Nord, dans l'orbite de la Fédération de la Russie bolchevique. En 1919 l'Armée du Général Dénikine entre au Daghestan, chassée en 1920 par l'Armée Rouge.

---

5 Montagne à la frontière des districts Lak et Gunib, 2.355 mètres.

En 1921, la République Autonome du Daghestan est fondée, absorbée par l'URSS en 1922. De nombreux lieux du culte, mosquées et églises, sont désaffectés ou détruits.

En 1928 le pouvoir procède à la latinisation de l'écriture lak, qui durera 10 ans. En 1938, tous les peuples du Caucase sont astreints à écrire avec l'alphabet cyrillique.

En 1940 un mouvement du renouveau culturel s'esquisse dans les zones lakophones, grâce aux activités de l'écrivain Happalaev.

En 1941, des milliers d'hommes et nombre de femmes laks seront appelés ou partiront comme volontaires à la Grande Guerre Patriotique contre les nazis. La désertion chez les Laks est infime ; pas moins de 5.200 y laisseront leur vie (10% de la population).

En 1944, sur l'ordre de Staline, exécuté par Béria, près de 6.000 Laks montagnards sont déplacés vers la plaine pour occuper les anciens territoires des Tchétchènes déportés au Kazakhstan dans 177 wagons à bestiaux en représailles de leurs relations (présumées) avec l'Abwehr, la défense allemande. De nombreux Laks périssent.

En 1957, deux nouveaux districts (Kizlar et Tarumovsky) sont rattachés au Daghestan.

En 1990, la Direction spirituelle des musulmans du Daghestan remplace celle de Caucase du Nord, dissoute. En 1991, le Daghestan change de statut autonome et devient une république qui en 1994 promeut sa nouvelle Constitution.

En 1995, éclate la première guerre de Tchétchénie.

Le Congrès des Peuples du Daghestan et de la Tchétchénie, organisation séparatiste armée, attaque le 5 septembre 1999 la ville de Novolaksky sous la conduite de Shamil Basaev (éliminé le 10 juillet 2006 par l'armée russe). C'est une insurrection wahhabite au Daghestan central et occidental, écrasée par les forces armées russes et locales. En 2000, c'est la seconde guerre de Tchétchénie.

En 2003, assassinat du Ministre de la politique nationale, de l'information et des relations extérieures Magomedsalih Gussaev. En 2005, assassinat du deuxième président de la Tchétchénie, le Général Aslan Maskhadov. En 2006, Mukhu Aliev est nommé premier Président du Daghestan. En 2009, le ministre de l'intérieur du Daghestan, Adilghireï Magomedtaghirov est tué dans un attentat.

En 2011 le président russe Dmitri Medvedev nomme Magomedsalam Magomedov qui demeure jusqu'à présent le deuxième Président du Daghestan en exercice.

Un avis

Selon un certain point de vue, aujourd'hui l'état de la République du Daghestan semble maintenir un statu quo. Pourtant la confrontation s'exacerbe lentement mais sûrement. La résistance antisoviétique a couvé clandestinement durant toute la période soviétique. Après la disparition de l'URSS en 1991, les intérêts économiques et politiques ont fait réapparaître des mouvements nationalistes, séparatistes et radicaux. Soutenus inconditionnellement par les idéologues parrains historiques de l'islam au Daghestan, les **гъази** de la nouvelle génération, combattants pour la foi, très déçus par la corruption, le consumérisme et l'occidentalisation, sont considérés comme des « terroristes wahhabites radicaux organisés ». Ils se replient dans la clandestinité dans les montagnes et les forêts ; ces mouvements partisans sont désignés par le terme **лес** en russe, le *maquis*. Les forces de l'ordre du ministère de l'intérieur, **силовики**, sujettes de l'administration locale structurellement dépendante des flux financiers de la provenance fédérale (Moscou), leur mènent une véritable guerre sans merci. La situation semble dramatique : généralisation de l'idéologie de guérilla, banalisation des tirs dans les rues de la capitale et dans les régions ; démesure des opérations commandos contre les gens : les télévisions montrent une brigade OMON [6] éliminant un... couple de terroristes, terrés dans leur propre maison! A ce tableau il faut rajouter la propagande et la radicalisation du langage des deux côtés, d'une part, et la distance croissante entre les niveaux de vie de ceux qui sont engagés ou côtoient la zone de la fonction publique et les autres populations dont la paupérisation et la chute démographique semble être le lot commun à tous les territoires post-soviétiques. Toute la côte Ouest de la mer Caspienne, sur 300 km au sud de la capitale, durant cette dernière décennie s'est couverte de villas et de vastes maisons. Les gardes (souvent en uniforme) au service des propriétaires nouveaux-riches, armés de kalachnikov, et les très hautes clôtures infranchissables à la surveillance vidéo dernier cri, dissuadent toute tentative d'accès à la mer par la côte ; la seule possibilité de constater de visu ce désastre à la fois écologique, économique (détournement de fonds) et social (abîme définitivement creusé et consommé entre les classes sociales) serait de louer un modeste bateau à moteur pour longer la côte par la voie maritime. Il faut mentionner également la tension raciale déjà présente au centre fédéral depuis les dernières années de l'agonie de l'URSS ; les deux guerres au Caucase tombées à pic ont su bien renforcer le pouvoir central. L'image négative du ressortissant caucasien brutal et puissant (on disait « les noirs », « les dag »), cassant la figure ou tuant par un coup de poing un étudiant sans défense pour un différend risible, est très présente dans l'imaginaire populaire, réactualisée par les faits divers effectifs de ce genre (Rasul Mirzoev ⌦ Ivan Agafonov le 15 août 2011) ; leur traitement par les médias et les slogans-types « arrêtons de nourrir le

6 Отряд мобильный особого назначения, brigade mobile spécialisée.

Caucase » font régulièrement apparition. La triste vérité est que le système corrompu est payant à la fois pour ces bénéficiaires et pour le pouvoir central, qui n'ont aucune intention de lâcher prise ni l'un ni l'autre. L'attrait de la migration des jeunes du Daghestan vers la capitale russe est évident, ils n'ont que peu de perspective de vivre de leur travail dans un pays au chômage croissant et aux salaires misérables du secteur public.

Néanmoins, des voix raisonnables se lèvent au Daghestan : l'intellectuel musulman, poète avar Adallo Aliev, revenu au pays après quelques années d'exil forcé, déclarait récemment devant les caméras son incompréhension, « pourquoi en effet un paysan russe devrait entretenir un montagnard du Daghestan ? » Les *clandestins extrémistes religieux* (terme officiel) constituent une confrérie armée, internationale djihadiste dont le but est l'instauration de l'Émirat du Caucase. Un mouvement de savants, universitaires, littéraires et religieux modérés cherche un apaisement et une sortie de cette situation de tension politique extrême. Les journalistes indépendants qui enquêtent sur les territoires de la corruption, et qui offrent leurs tribunes au pluralisme d'opinion, sont assassinés ; le dernier en date est Hadjimurat Kamalov, fondateur du magazine et du site internet **Черновик** '*Brouillon*', tué le 15 décembre 2011. Sur les réseaux sont régulièrement publiées les listes noires des personnes à éliminer, d'ailleurs, des deux côtés du maquis ; les clandestins et les policiers se visent mutuellement et personnellement. Il faut ajouter une florissante industrie d'enlèvements contre rançons, qui a coûté de nombreuses vies.

Pour adoucir cette visions pessimiste, il faut reconnaître que la longue pratique de survivance sous un régime de monopole idéologique et face aux interdictions multiples et variées que le régime a généré tout au long de son existence, les hommes et les femmes des générations issues de cette période sont habitués à survivre coûte que coûte, sans tenir compte des conditions imposées. D'aucuns, qui trouvaient bien leur compte dans une alliance avec le pouvoir, évoluent désormais dans une société néo-féodale au capitalisme sauvage. Et alors, sous le nouveau régime, avec d'anciennes habitudes et devant les yeux de nouvelles générations, les Universités continuent à enseigner, les théâtres nationaux (dont le Théâtre lak) poursuivent leurs représentations, les mini-bus transportent le public dans les villes, les mosquées ne désemplissent pas, l'économie fonctionne tant bien que mal, mais la vie quotidienne humaine, liée au présent immédiat, prend le pas sur toutes les situations politiques et permet une continuation qu'il faut espérer redevenir paisible et porteuse d'espoir.

Les conditions climatiques sont très favorables à une économie agricole diversifiée. De petites industries de transformation voient le jour, de nombreux petits commerces fonctionnent. Cependant, l'environnement politique, marqué par un fort degré de corruption et la dépendance des subventions de la Russie, contribue à l'existence d'échanges encore marqués par le système des clans avec une économie souterraine et un marché noir.

Un témoignage

Le trait principal du pays lak aujourd'hui est le fait que ses enfants le quittent. Lorsqu'on traverse la frontière des districts laks, sautent aux yeux les champs abandonnés et envahis pas les mauvaises herbes, alpages vides et ruines abondantes. Partout on ressent la désolation. De nombreuses causes en sont à l'origine. Les kolkhozes ont été supprimés alors que les gens se sont habitués au travail collectif et n'ont pas acquis de compétences suffisantes pour la production individuelle, ou les ont perdues. En outre, l'absence des outils de l'agriculture ; il ne reste plus ni bœufs ni charrues, ni moissonneuses-batteuses, ni outils traditionnels, ni engin modernes non plus. Les familles ne savent plus quoi faire avec leur laine, qui ne peut être livrée nulle part. Même la nourriture traditionnelle des maisons laks, le fromage de brebis брынза, a disparue Il n y a plus aucun travail. Au village de Vatchi même pendant les années de guerre 1941-1945, une coopérative des tisserandes fonctionnait et fabriquaient de très beaux habits. Plusieurs dizaines de femmes avaient un emploi. Le kolkhoze de Kuli était très puissant ! Où sont passés les troupeaux de chevaux, des milliers de moutons, des quantités de vaches laitières ? Les bâtiments vides des fermes et des coopératifs tiennent encore bien débout. A l'époque soviétique, les demandes de telle ou telle autre ethnie pouvaient prévaloir dans la prise des décisions. Maintenant c'est terminé. Soit disant dans notre propre intérêt, les bureaux de poste, les banques, les centres du paiement des retraites etc. ont été délocalisés hors des régions laks. Personne ne se préoccupe ni des gens âgés, ni des emplois dans les districts qui se meurent. Il semble que le pouvoir ferait mieux de s'occuper de la totalité de nos peuples, sans aucune exception, par ce que sans les uns, on ne peut y avoir les autres. Nous venons d'une patrie commune et avons un sang commun, il faut que le gouvernement se préoccupe, il y a urgence pour la sauvegarde et la renaissance de nos régions.

M. B., 2011

Blasons de la République du Daghestan

« Prolétaires de tous les pays, unissez-vous ! » en onze langues
Циняв билаятирттал пролетартал, цачIун хьияра! (en lak)

1922-1991

1994 à présent

Troupeau kolkhozien de 12.000 moutons, années 1960.
Le cavalier porte une cape en feutre, « burka »

Anthropologie

Les ouvrages russes anciens et récents sur les peuples du Caucase présentent dès les premiers chapitres les catégories de classification par race, avec des photos de types anthropométriques à l'appui. Ce sont des termes dont l'acception serait plus que délicate dans nos pays occidentaux et démocratiques du XXIe siècle. Nonobstant, on notera après ces écrits, que la quasi-totalité des daghestanais est de la race européenne, dans son embranchement balkano-caucasien, divisé en deux groupes : ***caucasien*** pour les peuples Avars, Ando-Didoï, Darghin et Lak, et ***caspien*** pour les Lezghi, Tabasarans, Rutuls, Aguls, Tsakhurs, Kumyks, Kaïtags. Les Nogaïs ainsi qu'une partie des Kumyks sont plus proches du groupe *mongoloïde* (touranien). Il existe également parmi les populations autochtones des groupes d'origine slave (Russes et Ukrainiens) et différents Juifs montagnards parmi lesquels les Tats dont la langue est du groupe persan.

Les noms de famille

Bon nombre de noms de famille sont d'origine géographique et évoquent le village d'origine. Ils se terminent souvent par **хъул** qui est une marque du pluriel de la classe II (celle des noms féminins).

D'autres noms sont purement musulmans comme **Абдуллаев** ou **Омаров.** Depuis la russification du Daghestan, entreprise dès son annexion par l'Empire Russe, à tous les noms vernaculaires ont été systématiquement ajoutées les terminaisons du cas possessif russe, -**ев** ou -**ов** qui signifie alors « fils de » ou bien une marque de toponymie.

Parmi les noms connus, citons : **Кажлаев, Каляев, Кандалаев, Манаров, Оргалиев, Хаппалаев, Topхиев, Чаринов, Ягизаров** etc. Pour retrouver leurs originaux, il suffirait donc de procéder à l'envers et d'y retrancher les terminaisons, ce qui donnerait dans notre liste **Кажла, Каля, Кандала, Манар, Оргали, Хаппала, Хархи, Ягизар.** Dans le cas de **Чарин** ou bien **Чари**, il est possible que la désinence ajoutée soit **-нов** si le nom termine par une voyelle, mais cela reste à vérifier.

Les prénoms

La quasi-totalité des noms de personnes est d'origine musulmane donc en partie sémitique. Parfois, l'orthographe est difficile à reconnaître pour un Français. Ainsi **Кадыр** est le ***Kader*** d'Abd-el Kader. On trouve cependant des noms d'animaux comme **Лачин**, *faucon*, ou de matières précieuses comme **Маржан**, *corail.*

Les prénoms sont souvent d'origine arabe, parfois bibliques à la prononciation différente, historiques ou toponymiques, et aussi simplement russes ou européens

Abdul	**Абдул**
Varà	**Вара**
Hussein	**Гусейн**
Gazibèk	**Газибек**
Nadirshah	**Надиршах**
Mahomed-Zahid	**Магомед-Загид**
Shirvàni	**Ширвани**
Shamkhal	**Шамхал**
Yunus (Jonas)	**Юнус**
Yàkub	**Якуб**

Айшат	*Aïshat*
Асият	*Assiat*
Гуржиган	*Gurjihan*
Гульбариат	*Gulbariat*
Эльмира	*Elmira*
Мариам	*Mariam*
Сабина	*Sabina*
Саният	*Saniat*
Патима	*Patimat*
Разият	*Raziat*

(Voir la liste des prénoms laks et leur traduction, page 230)

Des Laks célèbres

Les historiens laks contemporains (Kh. Khalilov et S. Kammaev) et amoureux de la culture lak, dans les livres et sur internet, attribuent des origines laks au célèbre vulcanologue et homme public français, Haroun Tazieff (1914-1998) ; cela reste à prouver ou à contredire.

La Seconde Guerre mondiale a donné au peuple lak cinq Héros de l'Union Soviétique, la plus haute distinction du pays, l'Étoile d'or équivalent de la Légion d'honneur.

Grand Héros (deux Étoiles d'or), Sultan Ahmetkhan, major des forces de l'air, vice-commandant du 9e régiment des chasseurs ; 602 missions en vol, 150 batailles aériennes, 30 avions ennemis à son actif. Le Héros Rizvan Suleimanov, capitaine artilleur, qui garde un éclat d'obus en souvenir de son combat de Dniepr. Héros Gaji Buganov, capitaine de l'infanterie, Visla, Dniepr. Héros Yakov Suleimanov, caporal-major de la reconnaissance, la prise de Berlin. Héros Tsakhaï Makhaev, soldat, Stalingrad. Citons également le capitaine Hasan Kamalov, Héros d'Italie, pour ses actions au sein des partisans de la brigade *Tarzan* du régiment *Fiamma verde*. Huseyn Kushaev a fait la guerre avec les maquisards français, participé à la libération de Toulouse, Marseille, Luxembourg, deux Croix de guerre 1939-1945. Gazi Omarov, auteur d'une signature lak sur le Reichtag en qualité de chef de la cavalerie volontaire daghestanaise ; deux Étoiles rouges.

La sixième et dernière Étoile d'or du Héros est allée à Mussa Manarov, colonel de l'armée de l'air soviétique (né à Bakou en 1951), cosmonaute, 541 jours dans l'espace (1987 et 1991) dont 33 heures de sortie orbitale.

Shirvani Muradov, médaille d'or de lutte libre aux JO de Pékin en 1968.

Dans la politique s'est illustré Nadirshah Muradovitch Khatchilaev (né à Kouma en 1958), ancien président de l'Union de musulmans de Russie (organisme reconnu extrémiste par le ministère de la justice russe), député à la Seconde Douma (parlement) russe en 1997. Fils de paysans, les frères Khatchilaev ont été les protagonistes du mouvement de renaissance nationale lak « Kazi-Kumukh ». Tous les trois furent assassinés par balle dans des attentats : Adam, l'aîné, fameux champion de karaté, en 1991 ; Mahomed, vice-ministre de l'agriculture du Daghestan, président du conseil du mouvement Kazi-Kumukh, en 2000, et Nadirshah en 2003.

Population lak

Dans le livre « *Les peuples du Daghestan* », de l'Académie russe des sciences, Institut d'Ethnographie Mikloukho-Maklaï, Moscou 2002, sur un tableau comparatif des peuples du Daghestant, se trouvent les statistiques suivantes :

1989 : 118.000 sur toute l'URSS ; 92.000 au Daghestan dont ils représentent 5,1% de la population. En Fédération de Russie, en dehors du Daghestan 14.000, dans d'autres pays 12.000 ; population lak hors du Daghestant 23% ; considèrent le lak comme leur langue natale 97,7% ; maîtrisent couramment le russe en seconde langue 78,3%.
1995 : 102.600 au Daghestan dont ils représentent 5% de la population.

Pour comparaison, les chiffres du recensement de 1989 :
l'ensemble des habitants du Daghestan 1.802.600 ; Avars (avec les sous-groupes assimilés) 496.000 ; Darghins 280.000, avec environ 20.000 Kaïtags et Kubatchi assimilés ; Kumyk 231.000 ; les Russes au Daghestan étaient au nombre de 166.000, leur population diminue depuis ; Laks 92.000 ; Tabasaran 78.000 ; Azerbaïdjanais 75.000 ; Tchétchènes 57.000 ; Nogaï 28.000 ; Rutul 15.000 ; Agul 13.800 ; Tats 13.000 ; Tsakhurs 5.200 ; Juifs des montagnes 3.600.

Dans « Легендарная Лакия (Lakie légendaire), *un recueil encyclopédique au sujet des Laks* » du colonel Saïd Kammaev, édité à Makhatchkala en 2006, on trouve les chiffres suivants :

Population lak :

1866 — 32.800	1939 — 51.900
1886 — 46.800	1959 — 55.600
1894 — 50.000	1970 — 72.200
1916 — 55.200	1989 — 118.744
1926 — 39.900	2002 — 156.000

Au recensement de 2002, 156.000 Laks habitaient la Fédération de Russie, dont 139.732 au Daghestan, dont 10.800 dans le district Kuli, 12.400 dans le district Lak, 10.132 dans le district Novolak. En 1989, en dehors des régions mentionnées, les Laks étaient au nombre de 40.997 dans la ville de Makhatchkala, 9.669 à Kaspiisk, 2.753 à Khasavyurt, 2.177 à Kizilyurt, 914 à Kizlar, 787 à Izberbash, 652 à Yujnosukhumsk, 506 à Derbent, 918 à Moscou, 350 à Saint-Petersburg.

Leur nombre dans chaque région (район) s'élevait à : Akuchi 2.126, Rutoul 832, Magaramkent 532, Kizlar 1.530, Kizilyourt 975, Tarumovski 695, Khasavyurt 620, Tcharodi 164.

Dans les républiques de l'Union, les Laks comptaient 1.878 locuteurs en Azerbaïdjan, 2.441 au Turkménistan, 2.807 en Uzbékistan, 1.035 en Ukraine, 865 dans la région (oblast') de Stavropol, 37 dans la région de Moscou, 518 à Tumen en Sibérie et 233 dans la région de Krasnoïarsk. Il existe une diaspora importante de Laks dans les pays d'Extrême et Moyen Orient, ainsi qu'en Europe.

Historiquement, la différence des modes de vie entre les montagnards et les habitants de la plaine au bord de la mer fut objet d'une certaine tension, jusqu'aux temps nouveaux. Les montagnards les considèrent faibles. Les montagnardes caricaturent les femmes de la plaine des « pantalons-larges » avec un soupçon de jalousie : plus on avance vers l'ouest en direction des montagnes en s'éloignant de la côte, plus les gens sont habillés pauvrement et étroitement. On disait « un Avar étriqué ». La tribu lak est la plus ingénieuse de toutes, et comme les artisans laks rôdaient un peu partout, on disait : « Sous chaque pierre soulevée, on trouve un Lak ! ». Il existe une autre version «on ouvrant une pastèque, on trouve un Lak ». Un autre proverbe : « si tu n'as aucun Lak sous la main, cogne la place où il était assis! ».

La pénurie de terres agricoles et le développement de l'artisanat traditionnel (orfèvrerie, armurerie, dinanderie, fabrication de chaussures) sont les causes principales de leur migration, une tradition ancienne pour les hommes laks. La curiosité des jeunes, leur soif de connaissance ont fait des Laks une des ethnies les mieux éduquées parmi les peuples du Caucase du Nord ; la majorité de la population adulte fait tout pour terminer un cursus universitaire et obtenir un diplôme.

Un oukase du **18 avril 1860**, signé par l'empereur russe Alexandre II le Libérateur, établit un gouvernement de la région du Daghestan **Дагестанская область** (blason ci-contre) et crée la circonscription de Kazi-Kumukh.

Charte de la fondation du Daghestan en 1921 ; pièce d'orfèvrerie par des maîtres-artisans nielleurs de Kubatchi.

En 1921, la Républiquc Autonome du Daghestan est fondée.

Et 1922, le Comité exécutif de la République du Daghestan atteste cette circonscription dans ses frontières ; en 1928 elle obtient le statut du canton (**Лакский кантон**). En 1929, le canton Lak est renommé en district (**Лакский район**). Le district comprenait 81 villages. En 1935, 21 villages furent détachés de ce district pour en former un second, celui de Kuli (**Кулинский район**) avec, pour centre administratif, le village de Kaya. En 1944, dans l'ancien district tchétchène d'Aukhov, rebaptisé district Novolak, ont été déplacés les habitants des villages suivants : Akhar, Burtni, Varay, Dutchi, Kaghertchi, Kourkhi, Marki, Nitsovkra, Ukhtchar, Turtchi, Khalaki, Tcharavalli et Shushi. Ces anciens villages laks furent démolis et rasés entièrement ou partiellement, le territoire couvert de ruines. Près de dix autres villages laks sont à la limite de la disparition.

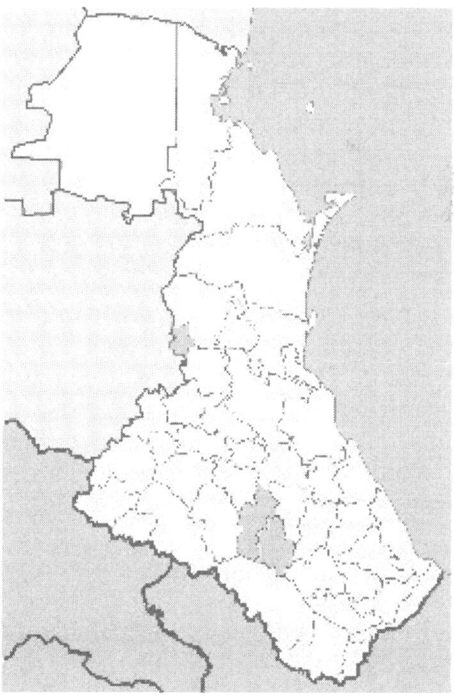

Du Nord-Ouest vers le Sud-Est : districts Novolak, Lak, Kuli

Bourshi **Бурши**, 2.370 m au-dessus du niveau de la mer, dans une vallée au milieu des cimes sur un roc inaccessible de part et d'autre. Ce village date d'environ 1500 ans. Trois tukhums (clans ancestraux) traditionnels : **Цушалсса** (autochtones), **Аьраврисса** (arabes), **БахIчIилсса** (venus d'ailleurs). 183 foyers avant la révolution d'octobre de 1917, 360 à présent dont 60 dans l'enceinte du village.

Inisha **Иниши**, 38 foyers et 135 habitants dans les années 1920.

Kuba **Кьуви**, 237 foyers, 937 habitants, 2 écoles secondaires, bibliothèque. 100 diplômés d'enseignement supérieur. 94 morts pendant la Seconde Guerre mondiale.

Kubra **КIувур**, 43 foyers, 158 hab.

Kuma **Куми**, 148 foyers, 447 hab. A présent 78 ménages, 204 habitants ; 24 maisons inoccupées. 95 appelés lors de la Seconde Guerre dont 45 revinrent vivants.

Kumukh **Гъумучи**, cité lak la plus importante et ancienne, qui a plus de quinze siècles d'histoire. 869 foyers et 2743 habitants dans les années 1920. A la séparation en régions en 1934, Kumukh comptait 554 foyers et environ 1.700 habitants. Centre du développement de l'Islam au Caucase, berceau de l'État Lak, capitale des Legues antiques. Par la suite, capitale de shamkhalat Kazi-Kumukh, premier État daghestanais, par la suite celle du khanat Lak, circonscription, canton et région, à tour de rôle. La plus ancienne mosquée du Daghestan (construite par les Arabes en 777-778). Une pléiade de savants, religieux et maîtres des temps anciens et nouveaux (dont 40 professeurs universitaires), nombreux héros de guerre, artisans de haute qualification sont originaires de cette ville lak cardinale. La diaspora des Laks originaires de Kumukh en Iran, Turquie et Russie impériale a donné des ministres, généraux, amiraux et gouverneurs.

Kurkli **Ккурккул**, 191 foyers et 619 habitants dans les années 1920.

Mukkur **Мукьар**, 28 foyers, 95 hab. Le Premier ministre d'Iran, Sirajutdine Gajiev, en est originaire.

Ubra **Увур**, 88 foyers au recensement du 1886, 119 dans les années 1920, 428 habitants.

Tulisma **ТІулизун**, En 750, les Arabes sur le chemin de guerre vers Kumukh ont détruit ce village et massacrés les habitants. En 1396, l'armée de Tamerlan a également effacé le village de la carte et éliminé sa population. Le même sort a été réservé à ce village par les troupes de Nadir-shah en 1741. Dans les années 1920, Toulisma comptait 71 foyers et 202 habitants, en 1941 — 56 foyers. 32 hommes et femmes ont péri pendant la dernière guerre.

Untchukatl **ГьунчІукьатІи**, 1920 — 265 foyers, 788 hab. A présent, 107 familles. Village avec mille ans d'histoire. En 1842-1843 il a été brûlé par les murides de l'imam Shamil. 243 combattants volontaires d'Untchukatl à la Seconde Guerre dont 120 morts.

Karasha **Караши**, 176 foyers et 656 habitants au milieu du XXe siècle. Actuellement, 579 familles vivent en dehors dont 398 à la capitale Makhatchkala.

Khurukra **ХьурукІул**, 386 foyers en 1015, 1.541 habitants. Avant la séparation par région, 171 foyers avec 503 habitants, actuellement 20 familles et 105 personnes. Près de 700 familles (2 350 personnes) habitent ailleurs, au Daghestan et à l'étranger, jusqu'aux États-Unis (deux familles). 218 appelés, 126 morts sur les champs de bataille de la Seconde Guerre.

Khurkhi **Хъурхъи**, En 1930, 156 foyers, 512 habitants.

Thurtakh **ЧІурттащи**, 89 foyers, 297 habitants. 66 combattants morts à la guerre.

Kukni **Кьукун**, 116 maisons, 404 habitant avant sa Seconde Guerre (45 appelés, 25 disparus ou tués). Ecole primaire en 1928.

Khuti **Ххут**, Selon les légendes, le village fut fondé au Xe siècle de notre ère, par les ressortissants yéménites. La place du village a été changée à maintes reprises. 160 foyers et 600 habitants avant guerre. 114 appelés dont 62 morts.

Palisma **Ппалассун**, 61 foyers et 211 habitants. Célèbre pour ses troupeaux : 15.000 brebis de l'élevage de Bukhariev et 10.000 de celui des frères Gamzatov dont Ali, en croisant la brebis de montagne du Daghestan avec le bélier de Hollande, réussit une nouvelle race répertoriée au niveau mondial.

Shakhuva **Шахьуйми**, 82 foyers, 235 habitants.

Shshara **Щар**, 1.725 mètres au-dessus de la mer. Village antique, d'avant islamisation des Laks. En 1886 - 142 foyers, années 1930 - 157, actuellement 170 foyers. 350 familles vivent en dehors dont 236 à Makhatchkala.

Shovkra **ШавкIул**, 177 foyers et 679 habitants. Célèbre pour ses bottiers hautement qualifiés. 101 morts à la Seconde Guerre.

Shunimi **Шуни**, au milieu du XXe siècle 63 foyers 191 habitants. Patrie du célèbre poète, homme de lettres et musicien universel lak, Abutalib Gafurof (**АбутIалиб Гъапуров**, 1882-1975). Depuis le Moyen Âge, Shunimi a donné de nombreux théologiens savants (**алим**); après 1917, ce village est connu sous le nom du « village des maîtres ».

Khuri **Хьур**, 129 foyers, 412 habitants. 56 morts à la Seconde Guerre.

Khulisma **Ххюлуссун**, 127 foyers, 390 habitants. Kolkhoz, école secondaire, club, bibliothèque, infirmerie. 100 appelés, 46 morts à la Seconde Guerre.

Vitskhi **ВицIхъи**, env. 2.000 habitants.

District Kuli — Ккуллал район

Le district a été fondé par un oukase du Comité Central Exécutif du Daghestan en 1935. Il comprenait 10 conseils de village avec pour centre administratif Kaya. Actuellement, le centre de circonscription est le village de Vatchi. En 1944, la totalité des habitants des 9 villages et partiellement les villageois des 7 autres lieux ont été déportés dans le district de Novolak. En 1964, par un nouvel oukase, la région de Kuli a été reformée et comprend d'emblée 13 villages. Prospère dans les années 1930-1990, la région est délabrée et relativement abandonnée à présent.

Vatchi **Ваччи**, 221 foyers et 771 habitants dans les années 1920.

Vikhli **Вихьул**, 274 foyers et 1.195 habitants avant la séparation régionale. Sur 180 appelés à la Seconde Guerre, 118 y ont laissé leur vie. A présent le village compte 1.040 habitants, répartis en cinquante tukhums (clans). C'est un des lieux d'habitation des Laks les plus anciens ; les vestiges de quelques bâtisses datent d'avant notre ère. Le dialecte de Vikhli avec son large vocabulaire tient une place particulière dans la langue lak. Les habitants de Vikhli se distinguent aussi par leurs coutumes, leur aspect vestimentaire, un niveau relativement bas de migrants ; ce sont des éleveurs de bétail renommés. Un important glissement de terrain s'est produit au IVe siècle à Vikhli. Près du village, se trouve un rocher aux dimensions d'un immeuble de trois étages, avec une perforation transversale au centre. Un monolithe cylindrique, de 2 mètres de diamètre et de 5-6 mètres de longueur, le pénètre, laissant de tout petits espaces entre lui et le rocher.

Kaya **ЧІяйми**, village antique des hautes montagnes. 374 foyers et 1.415 habitants en 1920. 206 appelés dont 130 morts à la Seconde Guerre. En 1946, une station hydro-électrique y fut construite. 190 foyers et 672 habitants.

Kuli **Ккул**, un village lak très ancien, fondé bien avant l'arrivée des Arabes. Deux tukhums principaux du pays**, кІяла чухъри** et **оьру чухъри**, érigèrent deux tours de garde, une ronde et une carrée, les derniers vestiges disparurent au milieux du XXe siècle. Maslama, chef de guerre arabe, fit monter à Kuli les habitants des villages environnants au VIIIe siècle. Village trois fois brûlé, rasé et reconstruit : en 1241 par les Mongols, en 1396 par Tamerlan, en 1742 par Nadir-Shah. Cette dernière bataille révéla l'exploit d'une amazone lak, la jeune Tchamsu, qui seule affronta et vainquit les cavaliers perses, puis fut exécutée et jetée dans le Koïsu par le sanguinaire Nadir-shah. 350 foyers avec 1.977 habitants en 1886, années 1930 – 540 avec 2.430. Sur 420 appelés, 221 Kulins laissèrent leurs vies à la Seconde Guerre. Deux écoles secondaires, maison de culture. Le kolkhoze local a été l'un des plus importants d'URSS, en fournissant des dizaines de tonnes de viande, lait et laine. A présent, il y a dans le village plus de 900 foyers avec environ 4.000 habitants. 500 familles vivent en diaspora.

Khoïkhi **Хъювхъи**, 166 foyers et 512 habitants dans les années 1930. Sur 99 appelés 45 sont revenus après la Seconde Guerre.

Khosrekh **Хъусращи,** de **Хъус** - *richesse*, **щи** – *village***,** dans le massif Shchunudag **Щунудаг** sur un col en hauteur de 2.700 mètres, 362 maisons pour 1.521 habitants, dans les années 1930. Ecole, club, salle de sport, bibliothèque, infirmerie. A travers ce village passe la route principale entre Kumukh et Derbent, nommée par les Laks **паччахІ ххулу** *la route du shah.*

Kani **Къян**, 179 foyers pour 526 habitants. 127 appelés dont 58 morts à la guerre.

Sukiakh **Ссухъиящи**, 70 foyers, 220 habitants.

Sumbatl **СунбатІул**, antique village lak, l'historien Davoudov fait remonter ses origines au IVe siècle avant notre ère. 187 foyers et 584 habitants dans les années 1930.

Tsovkra I **ЩІувкІул 1**^мур^, village juché à une altitude de 2.800 m au-dessus de la mer. 343 foyers pour 1.025 habitants. Une dynastie de funambules professionnels, plusieurs artistes et scientifiques. 205 appelés, 95 morts à la guerre.

Tsovkra II **ЩІувкІул 2**^мур,^ les inscriptions sur les pierres tombales témoignent de sa fondation datant de 750 ans. 150 foyers avec 750 habitants avant la guerre, à présent, 114 maisons avec 520 habitants. Coopérative agricole, école secondaire.

Tsushar **ЦIущар**, recensement de 1886 - 136 maisons 447 habitants, 130 foyers dans les années 1930. Sur 108 appelés, 60 laissèrent leur vie à la guerre.

District Novolak — ЦIуссалакрал район

Par décision du 13 mars 1944, la République Tchétchéno-Ingouche a été supprimée, et les Tchétchènes, notamment ceux du district d'*Aukh* (**Ауховский район**), ont été déportés au Kazakhstan et dans d'autres républiques d'Asie centrale. Selon le plan de cette grande migration politique, 600 ménages laks des circonscriptions Kuli et Lak devaient être déplacés afin d'intégrer les maisons tchétchènes abandonnées. Par excès de zèle des fidèles huissiers du Parti Communiste (bolchevique — signataire de l'oukase estampillé « secret d'État » — respectivement 737 (3.030 personnes) et 781 (2.801 personnes) ménages laks ont été arrachés à leurs terres ancestrales dans les hautes montagnes pour être déportés sur les terres de la plaine. Par la même décision, la région fut nommée Novolak. Un tiers de la population déportée lak périt durant cette opération, décimée par les brutaux changements climatiques, les maladies et l'inanition. Après la levée des sanctions administratives et le retour spontané des Tchétchènes en 1956, il leur a été néanmoins interdit de réintégrer leur région et leurs anciennes habitations. Les habitants des villages avars, détruits par le tremblement de terre du 14 mai 1970, ont été installés également dans cette région. En 1991, le mouvement autochtone souleva avec force la question de retour des Tchétchènes sur leur terre. En 1994, en vertu de la loi sur la réhabilitation des peuples déportés et réprimés, la décision de reconstitution du district d'Aukh a été prise, et par là même, les Laks du Novolak devraient être de nouveau déplacés, cette fois sur les terres au Nord de Makhatchkala (voir le plan de construction des villes nouvelles). Cette décision se réalise tant bien que mal ; faute d'investissements (1.270 maisons construites en 2009 sur 3.872 prévues) ; par le refus des Laks et des Avars de quitter leur région d'adoption pour s'installer sur les terres salines et basses au bord de la mer Caspienne ; une tension ethnique avec les Koumyks, peuple historique de cette région ; absence d'aménagement social et économique des nouvelles habitations etc.

A présent, la région *Novolak* est peuplée de 22.357 personnes dont 46% d'ethnie lak. Les villages qui la composent sont *Gamiakh* **Гьямиящи**, *Toukhtchar* **ТІюхчар**, *Akhar* **Аьхъяр**, *Bourtni* **Бурттуи**, *Varaï* **Варайми**, *Doutchi* **ДучІими**, *Novo-Kuli*, *Novo-Tchourtakh*, *Tchapayevo* **(Чапаево,** anc**.** *Kichenaoul*, **Кишенаул),** *Novolakskoye* (apparu avec le déplacement des habitants d'une vingtaine de villages montagnards), **Shoushia** *Шушими*, *Tchayakh*. Les habitants d'*Akhar* et *Shoushia* ont été finalement déplacés dans des villes nouvelles, et les anciens noms tchétchènes *Banayourt* et *Yamansou* leur ont été rendus.

District Rutul : *Haut Katroukh* **ЧІатлухъи ялув**

District Akushi : *Arakul* **Дюкъул**, *Ullutchara* **Уручул**, *Balkhar* **Бархъал** célèbre par ses poteries artisanales, *Kuli d'Akushi*, Sovietskoye, ancien *Bourchi-Makial* **Бурши-Макьал**, *Tsoulikani* **ЦІуликъян**, *Shshadni* **Щадун**, *Shalib* **Шал** à 2320 M, *Khanar* **Хъанар**.

Plan des Villes Nouvelles laks

Vue sur la mer Caspienne à Makhatchkala, 2012. Photo Patima Kardashova

La Capitale

Un tiers de la population lak, à savoir plus de 50.000 personnes, habite la capitale du Daghestan, **Makhatchkala / МахIачкъала** (les laks l'appellent plus souvent par son nom initial, **Анжи**). Sur l'emplacement de la fortification maritime turc *Inci-Kala* datant du Moyen Âge, le fort *Petrovskoye* est fondé par les Russes en 1844 au bord de la mer Caspienne en l'honneur du séjour de l'empereur Pierre Ier en 1722. En 1857, la fortification obtient le statut de la ville ; après l'édification d'un port en 1861, devient *Port-Petrovsky*. En 1918 le maire Abdousalam Magometov renomme la ville en *Shamilkala* (**Шамилькала**). Par Oukase du Comité révolutionnaire de 1921, la ville prend le nom de *Makhatchkala*, en honneur du révolutionnaire avar Makhatch Dakhadaev (1882-1918), marié avec la petite fille de l'Imam Shamil. La ville, remplaçant ainsi *Bouïnaksk* (**Буйнакск**) en tant que centre administratif, fut élevée au statut de capitale de la République Autonome du Daghestan en décembre 1925. La plus grande agglomération de la circonscription fédérale du Caucase, 577.990 habitants, regroupant toutes les ethnies.

Le journal lak **Илчи** (Ilci, *le Messager),* fondé en 1917 par Garun Saïdov et aussitôt mis en sommeil, est depuis 1991 un hebdomadaire imprimé à 3.000 exemplaires ; il traite de la vie sociale, politique, sportive et culturelle. Une station de radio émet en lak [7] mais la télévision est en russe, langue officielle.

En 1914, un groupe d'intelligentsia de Kazi-Kumukh crée un cercle dramatique. En 1920, les amateurs dirigés par l'écrivain Saïd Gabiev obtiennent le statut de *Théâtre Soviétique*. En 1935, le Ministère fonde sur sa base le *Théâtre National Lak Dramatique et musical Effendi Kapiev*, **Лакрал театр**. Dirigé par Alexandre Vassiliev en 1940, il est fermé pendant la guerre, treize artistes sont appelés et plusieurs ne reviennent pas. En 1960, le Théâtre réalise avec succès une tournée à Moscou, et en 1970 il déménage à la capitale Makhatchkala, où il fonctionne encore aujourd'hui. On mentionnera les dramaturges Tcharimov, Fatuev, Aliev et bien d'autres. « Un Jour Noir », tragédie contemporaine de Siberbek Kasumov, traite le thème du déplacement des Laks en 1944 ; le Festival des Théâtres du Caucase attribue à titre posthume le prix de la meilleure mise-en-scène à V. Efendiev. Les artistes se produisent aussi au Centre culturel lak de la Ville Nouvelle, au Nord de la capitale.

7 dont deux célèbres speakers lakophones, **Султанат Саидгусайнова** et **Газа Газаев**, respectivement 50 et 30 ans de travail à la Radio lak.

Toponymie

Аьшттиккул, habitants des villages Ashti et Kuli et leur environs. **Бархъи,** banlieusards, habitants du village Balkhar et ses environs. **Бурши-Чаравал,** environs des villages Burshi et Tcharaval, leurs habitants. **ВицӀхъи,** territoire entre les villages Untchukatl et Tsudakhar, leurs habitants. **Ваччи-ЧӀяйми,** pays autour de Vatchi et Kaya et leurs habitants. **Маччайми,** « les parrains », pays à l'Est et derrière le mont Vatsilou, ses habitans. **Мащихъи,** « les fermiers », pays autours du village Tsovkra. **Ури-Мукьар,** pays autours des villages Uri et Mukar, ses habitants.

Аьрасай la Russie ; **Гуржисттан** la Géorgie ; **Къирин** la Crimée. **Къувал** la ville de Kuba en Azerbaïdjan ; **КӀапӀкӀай** la capitale d'Ossétie, Vladikavkaz (Владикавказ) ; **Тарк** la rivière Terek ; **Идил** le fleuve Volga.

Les noms de peuples en lak : Ярусса *Avar* **Дарги** *Darghin* **Курал** *Lezghi* **Лак** *Lak* **Табасаран** *Tabasaran* **Агъул** *Agul* **РутӀул** *Rutul* **ЦӀахъюр** *Tsakhur* **Къумукь** *Kumyk* **Нугъай** *Nogaï* **Азирбижан** *Azerbaïdjan* **Оьрус** *Russe*

Groupe de musique populaire [8]

8 Assis : argan, tar, tchugur, ağaç-kumuz, datchu. Debout : zunnav, shutukh. *Atlas d'instruments des peuples de l'URSS*, 1963, Éd. Muzgiz

La musique : genres, instruments, usage

La musique populaire du peuple lak se subdivise en deux genres : instrumental et vocal. La musique vocale est représentée par le chant soliste, accompagné d'un instrument ou d'un petit ensemble instrumental. Le genre instrumental comprend des mélodies produites par des bergers, ainsi que les musiques pour danser, pour marcher, pour les fêtes de mariages.

Le système modal lak est caractérisé par l'usage des modes diatoniques : hypoionien, éolien et dorien, ainsi que des modes chromatiques, à la seconde augmentée (***hijaz***) et aux degrés mobiles. Le système lak, souvent plagal, adopte la mélopée de la poésie, exprimée par une métrique ternaire, à 6 ou 9 temps, avec des libertés d'insertion des temps, allant jusqu'aux 11 ou à l'irrationnel. Le genre vocal est caractérisé par un système majeur-mineur et la base du saut ascendant diastématique (quarte / quinte), suivi d'un mouvement descendant par degrés.

Les genres vocaux se subdivisent en deux types :

Балай : chants aux mélodies développées, au tempo lent ou modéré, déclamations épiques au thème musical fixe ; ballades expressives dont la cantilène syllabique étendue ne trouve pas d'analogue dans le folklore des autres peuples du Daghestan. D'une large variété de rythmes, à la métrique irrégulière et changeante, ce sont des chants rituels, hymnes épiques, chants d'amour, de protestation sociale, berceuses, etc. Les épopées héroïques laks fondent une véritable mémoire du peuple. Grâce à ces poèmes dont les premiers apparaissent probablement déjà au XVIIe siècle, se transmettaient à travers les générations (en partie illettrées) les détails du déroulement des batailles historiques, les gestes fondateurs des figures éminentes de la résistance, les exploits des femmes célèbres. Il existe toute une pléiade de fresques sonores épiques. Les premières études dans l'Empire russe commencent avec les publications à Tbilissi du recueil sur l'éthographie du Caucase et de ses peuples, à partir des années 1860. Nous reviendrons sur les protagonistes dans la description de l'héritage littéraire lak.

Les chants lyriques sont plus courts, ils contiennent généralement plusieurs couplets, — toutefois, quelque soit leur longueur, le rapport entre la création poétique et ses interprétations par les chanteurs et chanteuses fait partie intégrante de la tradition orale.

Voici la transcription d'un ***balei*** traditionnel. Khadija, chanteuse lak du district de Kuli du seconde moitié du XXe siècle, est accompagnée par son compagnon Bagyrtcha au **tchougour.** L'enregistrement réalisé lors d'une expédition folklorique au début des années 1970.

ОьрчI ттущагу къавхьуна	Brave, je n'ai pas réussi
Вил ссириннайн хъин ккаккан	Paraître bonne à tes courses
Инагу щар дурцуна	Tu as pris une épouse
Ттул ххаллилшиврул оьван	Par dépit de moi, orgueil

Ина ттухь учайссия	Tu me parlais :
Щаращуйн бухьхьу куну	Viens à la source, disais-tu ;
Щаращуйсса щин кунма	Comme l'eau de la source
Экьи най бур ттул яру	Coulent mes yeux

Ккуллалул бувту гьинта	Comme une gazelle tuée par balle
Щинайн бучIайсса кунма	Accourait cherchant de l'eau
Ци кIулли мякь лиххан бан	Toi aussi tu viendrais à moi
Инагу къабучIайсса	Peut-être pour te désaltérer

Ce ***balei*** est un exemple du mode dorien (ré), ***yegâh*** pour la tradition orientale, avec le second degré descendant qui comporte un intervalle en dehors du système tempéré (le ton neutre).

Шамма, un autre genre vocal à la mélodie courte, rythmes rapides, contenu sarcastique et sur un ton plaisantant. Ce genre est proche des ***tchastouchki*** russes ; un relief mélodique explicite, une métrique simple, une rythmique pointue et vivace, des textes souvent improvisés ; chansons enfantines, chansons aux allégories animales, onomatopées etc.

Voici une comptine d'enfants :

– Ятту чуври?	Les moutons sont où?
– Щамарайри.	Sur le gravier.
– Ци канайри?	Que mangent-ils?
– Щама канай.	Le gravier ils mangent.
– Ххулу чари?	La route vient d'où?
– Чарттавухри.	Elle traverse les pierres.
– АчитIа-читIа.	Atchita-tchita.
– ЧитIул хъару.	Les ailes d'hirondelle.
– ЛипI-липI-липI	Lipp-lipp-lipp.

Нава – ца,	Moi — un,
Цуппа – кIи,	Moi-même — deux
Шатта – шан,	Un serpent — trois,
КIулу – мукь,	Une souris — quatre,
ХхюнчIа – ххю,	Une caille — cinq,
РяхкIи – рях,	Un crochet — six,
Урун – арул,	Une fronde — sept,
Мяйра – мяв,	Huit bagels,
УрчIра – урцIи,	Neuf baquets,
Цинярдагу – ацI!	En tout — dix !

Les instruments de musique du peuple lak, comme tous les instruments du monde, se classent dans des catégories de l'organologie universelle : aérophones, cordophones et membranophones, l'ordre dans lequel nous les décrivons.

ЩютӀухх(и) sifflet, une flûte à bec, taillée dans un roseau.

ПпеллитӀу petite flûte oblique, en roseau ou paille, comme le *ney* turc ou *nei* persan. En dépit de sa simplicité apparente, il exige une maîtrise un apprentissage à cause de la difficulté d'émettre le son sur l'embouchure terminale, à l'instar du ney turc ou nei persan et arabe.

Гъештеру, ocarina d'argile, en forme d'oiseaux, parfois peint en rouge ; deux trous d'obturation, il s'agit d'un instrument-jouet à l'usage des enfants.

Баламан, fabriqué également en roseau où on taille à l'extrémité supérieure fermée une anche simple ***(clarinette idioglotte***). La légende dit qu'un berger tombé dans un canyon, appela au secours à l'aide des sons plaintifs de cet instrument.

Зюннав à anche double est un hautbois (***zurna***) ; tourné en bois de rose, noyer ou abricotier, de forme et de perce coniques, se terminant par un pavillon. Une double anche est ligaturée à un tube métallique joint à l'instrument ; une bobèche y est fichée, où buttent les lèvres. Les Laks des montagnes l'utilisent en solo ou en combinaison avec le tambour ***datchu***. Ce son puissant est très reconnaissable lors des festivités en plein air : danses, mariages, fêtes de l'agriculture (le premier sillon en printemps).

Арган à anches libres est une sorte d'accordéon à boutons, importé par les soldats russes au XIXe siècle. A la main droite, 21 touches diatoniques (sol-fa) au tirer ou au pousser du soufflet produisent les mêmes tons (contrairement à l'harmonica) alors que les basses, disposées en deux rangées de 12 boutons par couples, donnent un ton au pousser et un autre à la quinte au tirer par la main gauche, traditionnellement en mouvement de l'éventail. C'est la grande particularité de cet instrument très populaire, devenu national au Daghestan.

Чугур est un luth à 3-4 cordes, équivalent du ***saz*** turc, de facture élaborée (résonateur piriforme assemblé des lamelles du bois d'abricot, cerisier ou noyer) ; la table résonnante en sapin comporte quelques petites ouvertures. Cet instrument à la sonorité confidentielle accompagne le chant ; dans les ensembles instrumentaux il joue le rôle soliste.

Агач-кумуз, du turc Ağaç-kumuz (агъачкъомуз en kumyk, *bois chantant*) luth à 4 cordes de facture monoxyle (manche et corps en forme de pelle se taillent dans une seule bille). Dans les années 1930, le luthier Kurban Mamedov créa une famille d'ağaç kumuz d'orchestre (soprano, alto et basse), en y rapportant des frettes en métal, ancrées par demi-tons tempérés.

Чагъана ou каманча, vielle posée verticalement sur une pique, formée par l'extrémité du manche qui traverse le résonateur hémisphérique, avec une table résonante en peau tendue ; instrument en usage dans les traditions musicales perse, turque et arabe (***rabab***). Les modèles antiques étaient munis de trois cordes en crin du cheval, les modèles actuels sont montés du boyau filé, accordé en quartes. Produit un son nasillard assez puissant.

ДачІу est un grand tambour à deux membranes en peau animale ou artificielle, tendues sur un fût par des cordages entrelacés. Quelquefois incrusté d'ornements en os ou en nacre ; dans ces temps anciens, on les taillaient dans un tronc d'arbre. Cette percussion à hauteur indéterminée accompagne les danses, processions, mariages ; souvent couplé avec le **зюннав *;*** frappé par deux mains ou par une mailloche sur un côté et une verge sur l'autre ; ce dernier usage renvoie au ***doïil*** turc, ***dool*** arménien ou ***nagara*** azéri.

Ччергъилу est un tambourin sur cadre muni de petites cymbales, clochettes ou anneaux métalliques, produisant le son par secouement. Monté avec de la vessie de boeuf ou de la peau de poisson, plus résistante à l'humidité. Joué avec des doigts, cet instrument accompagne les danses dans les ensembles instrumentaux.

Les musiciens laks ont également adopté depuis longtemps **accordéon, mandoline, balalaïka et violon.** A la période actuelle de convergence (normalisation et nivellement du langage musical), la plupart des musiciens se produisant lors des événements communautaires, amplifient leurs instruments, chantent au micro et utilisent les **synthétiseurs** adaptés aux micro-intervalles de la musique du système modal oriental.

Parmi les représentants de l'école nationale de la fin du XIXe - premier tiers du XXe siècle, deux poétesses-chanteuses : **Патимат** Patimat de Kumukh et **Щаза** Shyaza de Kurkli.

La voix de la chanteuse **Maryam Dandamaeva**, née en 1936, fut très appréciée et ses enregistrements constituent un fonds d'or du chant lyrique et héroïque (elle succombera en 1967 à un coup de feu, tiré par son mari). Des festivals de musique populaire lak ont lieu (biennale « Shunudag »). Fidèle à ses racines, la musique authentique de tradition orale se base sur les mêmes universaux antiques, perpétués par les maîtres byzantins, arabes ou persans.

Mis à part des musiques traditionnelles pratiquées en amateur et / ou étudiées à titre conservatoire ethnographique, la musique savante lak à l'époque soviétique bénéficia de la *discrimination positive* que la lutte contre le formalisme dans la musique, décrétée par Jdanov en 1948, favorisa. Prenant racines dans la grande tradition de l'école nationale russe, développée d'abord par l'amateur éclairé M. Glinka puis professionnelle depuis P. Tchaikovski et A. Rubinstein, fondateurs des conservatoires à Moscou et Saint-Petersburg, elle jetta un pont vers les musiques occidentales du XVIIIe et XIXe siècles, période classique « canonisée » par la culture officielle musicale autrefois.

Compositeurs professionnels Laks

L'école savante musicale Daghestanaise est liée à la fondation de l'Union des Compositeurs de cette République, puissant syndicat pendant toute l'époque de l'URSS. Son protagoniste était le lezghi **Gottfried Gassanov** (1900-1965), auteur du premier opéra au Daghestan ; s'adjoignirent à lui le compositeur kumyk **Nabi Daghirov** (1921-2003) et **Sergei Agababov,** élève de G. Gassanov, arménien né au Daghestan en 1926 qui périt dans un crash d'avion en 1959. Après ces trois figures clefs de la vie musicale daghestanaise, la génération suivante a pris la relève, dont deux compositeurs laks majeurs :

Mourad Kajlaev (**Мурад Кажлаев**) naît en 1931 dans une famille lak de Bakou, capitale de l'Azerbaïdjan ; après avoir été diplômé du Conservatoire de cette ville, il réalise une carrière de compositeur, chef d'orchestre et pédagogue, avec une certaine tendance vers la musique accessible, parfois non loin des variétés. Ballet ***Горянка*** (« La Montagnarde »). Artiste du Peuple (Народный артист), pédagogue.

Shirvani Tchalaev **Ширвани Чалаев**, quatrième fils d'un artisan-bottier et d'une paysanne, est né à Khosrekh en 1936. Son don de chanteur est constaté dès son enfance ; il étudiera au collège de musique à Makhatchkala puis à l'Université. Grâce notamment aux quotas de formation professionnelle des minorités, il est admis à l'examen d'entrée au Conservatoire de Moscou. Remarqué lors de son épreuve littéraire, rendue en langue russe sans aucune faute d'orthographe (il l'apprend par coeur), il est admis en classe de composition de Vladimir Fere ; après son diplôme, il termine le cursus supérieur, supervisé par Dmitri Chostakovitch. Auteur de l'opéra national ***Горцы*** « Les Montagnards », produit au théâtre Kirov à Leningrad en 1971, Tchalaev entreprend des expéditions folkloriques et parcourt de nombreux régions et aouls éloignés du Daghestan, où il enregistre sur bandes magnétiques de nombreux chanteurs et chanteuses des générations anciennes. Plus de mille mélodies seront transcrites en notation musicale et éditées en fascicules : 100 chants laks, 100 avars, 100 darghins etc. Prix d'État Russe en 1998 pour sa musique instrumentale et vocale. Opéra « Hadji Mourat » (livret d'après L. Tolstoi) et 5 autres opéras, symphonies, 30 concertos, cycles vocaux etc. Il est l'auteur de la musique de l'Hymne National de la République du Daghestan (2003).

Chant lak par Shirvani Tchalaev, voix et piano : [9]

Бюхттулсса барзунттай яру кьабитав,
Бургъил-зурдардия батIин къабюхълай.
Къумасса ратIаву къюкIгу кьаритав,
Зяй-зяй тIи щинащал ххяллайх экьи най.
ХIалал ити, буттал улчай,
Нажагь [bis : **агар] зана икIан кьисмат къахьурчан.**

En hautes montagnes, sur les versants j'ai laissé mes yeux,
Je n'ai pas la force de les ôter des glaciers blancs.
Aux cols et dans les gorges j'ai laissé mon cœur,
Comme de l'eau éclatante se brisant sur des pierres.
Pardonne-moi, la terre de mes pères,
S'il ne m'est pas destiné de revenir à toi.

9 *Chants laks*, vinyle, Éd. Mélodia, Moscou, 1981

La littérature

La création orale des peuples montagnards est historiquement liée à la *poésie*. Prioritairement chantée, puis se détachant en un genre littéraire à part, elle tient toujours une place privilégiée dans la littérature lak. Dans la forme poétique se reflète la vie réelle du peuple, faite autant des joies que de l'injustice sociale, les persécutions calomnieuses, le sort rude et laborieux des femmes. Composées à l'époque de l'état théocratique de l'imam Shamil, aux éloges du héros de la lutte anticolonialiste succèdent les appréciations mitigées de son régime despotique.[10]

Léon Tolstoi, lors de l'écriture de sa célèbre nouvelle *Hadji Mourat* [11] sur les relations entre l'Imam et son murid, s'inspirait autant de ses propres souvenirs du service militaire au Caucase que des écrits disponibles depuis la publication à Tbilissi du premier *Cahier d'études ethnographiques sur les peuples du Caucase*, en 1868. Le linguiste Piotr Uslar, en plus de ses études savantes sur les langues du Daghestan, contribua aux recherches en publiant de nombreuses descriptions des coutumes et traditions des peuples montagnards. Son élève lak, Abdulla Omarov, publia en russe deux essais sur la vie du peuple ; cette série parut annuellement jusqu'en 1908.

Comme il a été déjà dit, entre 1928 et 1938 le lak s'écrivait en caractères latins. L'époque soviétique a misé sur l'éducation en favorisant la formation d'une culture véritablement minoritaire ; le lak parlé à Kazi-Kumukh a été reconnu comme une langue officielle, enseignée à l'école obligatoire (laïque) primaire et secondaire, ainsi qu'à l'Université et aux Instituts pédagogiques de Makhatchkala et Bouïnaksk (ancienne Temirkhan-Shura).

Avec la pression idéologique en contre-partie, il s'est produit le phénomène commun à toute la culture de ces années : l'élaboration d'une langue allégorique d'Ésope. Cependant, les poètes et les écrivains laks se sont professionnalisés, ce qui procurait un vrai statut

---

10 On tient à mentionner le rejet par imam Shamil du prêche de l'islam pacifique et non violent du jeune Kunta-haji Kishiev Кунта-Хаджи Кишиев, un saint cheikh soufi tchétchène de la confrérie Kadiri-Hajimurid, né en 1829. Poussé en exil par Shamil, Kunta-Haji revient au pays après la capture de l'imam et devient très populaire. Son arrestation en 1863 provoqua le « *soulèvement des poignards* » où 4000 de ses disciples, armés du poignard rituel, tentèrent de le libérer. 200 furent tués et les autres dispersés par les troupes du général Turmanov. Kunta Haji est mort dans une prison Russe en 1867. Sa pratique du Dhikr fut interdite mais son ordre resta le plus populaire parmi les Tchétchènes. Il sied de se rappeler que l'ennemi N°1 de l'Empire Russie, chef d'une guerre sanglante et interminable, imam Shamil après sa capture fut traité par avec les honneurs, ennobli, résida avec ses épouses dans une maison à Kalouga sous surveillance modérée, obtint une permission pour le ***hajj***, pèlerinage rituel à la Mecque, et décéda à Médine en 1871.

11 Composé entre 1895 et 1902, la nouvelle ne sera pas publiée de son vivant.

social avec quelques facilités quotidiennes — gratuité du logement, sanatorium, « maisons de création ». Evidemment, dans ces conditions de nombreux opportunistes de carrière apparurent. Cela n'était pas tout à fait vrai pour tous ; nombreux écrivains et poètes ont su garder leurs distances grâce à ce modèle d'écriture-lecture entre les lignes. S'est développé un style réaliste et symbolique à la fois.

Saïd Gabiev **Саэд Габиев** (1882-1963), écrivain et intellectuel ; l'un des fondateurs de la littérature lak. Né à Opotchka, en Russie, dans une famille lak déportée suite aux insurrections du Daghestan en 1877. Il étudia à l'Université de Petersburg, publia dans les *Cahiers ethnographiques* un essai sur la vie des Laks. En 1912-1913, écrivit au journal « L'Aurore du Dagestan » ; en 1920, dirige le Théâtre lak à Kumukh ; dans les années 1920, rédacteur du journal « Le Montagnard révolutionnaire ». Traducteur des œuvres de Lermontov et Krylov en lak, il composa les allégories et les poèmes en langues russe et lak.

Abutalib Gafurov **АбутIалиб Гъафуров** (1882-1975), poète, écrivain et musicien, né à Shuni, commence la littérature après une longue vie d'artisan étameur.[12] Une personnalité légendaire.

Garun Saidov **Гарун Саидов** (1891-1919), né à Vatchi, fils d'un juge-kadi, auteur de la première pièce dramatique lak « Les Étameurs ». Premier rédacteur en chef du journal Ilci Илчи. Exécuté, en qualité de révolutionnaire, par l'Armée de Dénikine.

Muetdin Tcharinov **Мугуттин Чаринов** (1893-1936), né à Khurukra, poète, traducteur prolifique des œuvres littéraires et poétiques russes en langue lak : Pouchkine, Lermontov, Tolstoi, Gogol, Gorki, mais aussi Shakespeare, Heine, Hugo.

---

12 Dans son recueil de nouvelles biographiques « Abutalib dit », parmi d'autres situations rocambolesques, l'écrivain raconte l'épisode suivant : il reçoit un jour par la poste une convocation du Ministère de la culture du Daghestan, s'y présenter à 10 heures précises. Avec une légère appréhension, il quitte son atelier pour s'y rendre, mais n'ose pas y entrer car le vestibule ministériel est trop propre. Enfin il tente d'y pénétrer ; le milicien aux boutons luisants, observant ses hésitations, le traite de vaurien et annonce que « ici ce n'est pas pour les gens comme toi ». Abutalib insiste, le milicien appelle le second milicien en aide, à qui il demande d'arrêter ce type qui rôde et l'empêche de travailler. Abutalib est enfermé durant plusieurs heures dans une cellule au sol en ciment, avec des voyous ensanglantés après une bagarre et autre canaille et alcooliques. A chaque ouverture de porte, il clame son innocence au gardien qui ne veut rien entendre jusqu'à ce qu'Abutalib mentionne sa convocation au ministère, qui est restée sur la table de son atelier. S'ensuivent des coups de fil, après quoi on le libère en cinq minutes. Abutalib monte au bureau où le clerc lui annonce son élévation au rang honorifique du « Poète du peuple du Daghestan ». En sortant, le poète aperçoit ce même milicien se mettre au garde à vous à son passage.

Yussup Khappalaev **Юсуп Хаппалаев,** né en 1916, dans les années 1940 systématise les écrits épiques laks et les interprète. On lui doit notamment la reconstitution complète d'une ballade monumentale, *Murtaza'ali* **Муртазаьали** qui narre de la bataille historique de 1741 entre l'armée du khan Surkhaï Tcholak de Kazi-Kumukh et les troupes de l'envahisseur Nadir-shah. Ce poème cardinal avec d'autres titres principaux forment l'épopée héroïque lak : *Partu Patima* **ПартІу-ПатІима**, *Kaïdar de Tabakhli* **Гьухъаллал Къайдар**, *La défense de Khosrekh*, *La prise de Tsudakhar*, *La forteresse de Kurah* etc.

Parmi les classiques de la littérature lak soviétique, Kurdi Zakuev **Курди Закуев** (1888-1968), évrivain et poète, auteur du célèbre « *Amour perdu* », Ibrahim-Khalil Kurbanaliev **Ибрагим-Халил Курбаналиев** (1891-1985), Nuraddin Yusupov **Нуратдин Юсупов** (1931-2000).

De nombreuses œuvres écrites par des Laks l'ont été en langue russe. C'est particulièrement vrai pour Effendi Kapiev **Эффенди Капиев** (1909-1944), organisateur très engagé dans la construction socialiste et animateur de la vie littéraire locale. Notamment grâce à ses activités, quasiment la totalité de la production officielle poétique des poètes du Daghestan était traduite en russe à l'époque : fondateurs des littératures nationales, Avar **Гамзат Цадаса** *Gamzat Tsadassa* et son fils, illustre **Расул Гамзатов** *Rasul Gamzatov ;* Lezghi **Сулейман Стальский** *Suleiman Stalski* et **Этим Эмин** *Etim Emin ;* Darghin **Батырай Омарла** *Batyraï Omarla.*

Non seulement de nombreuses traductions on été effectuées du russe vers le lak, mais aussi se pratiquaient couramment les traductions des poésies et de la prose lak vers les langues d'autres peuples, voisins du Daghestan ou plus éloignés. Aujourd'hui cela peut sembler insignifiant, car la production typographique soviétique est plus au moins cantonnée au niveau du papier de recyclage ; néanmoins, pratiquement dans tous les villages les bibliothèques fonctionnaient et la vie littéraire était intense.

Parmi d'autres écrivains laks citons **Abakar Mudunov** (1918), **Miriam Ibragimova**, auteur des nouvelles et romans dont « Imam Shamil » ; **Buta Butaev**, cosignataire avec **Ramazan Marshaev** d'un ouvrage encyclopédique sur l'histoire du peuple lak ; **Magomed-Zaghid Aminov**, publiciste et écrivain pour les enfants ; poètes **Mirza Magomedov** (1921), **Abatchara Guseinaev** (1921), **Badavi Ramazanov** (1927), Minkaïl Aliev dit *Watsilu* **Минкаил Алиев *Вацилу*** (1907-...), dramaturge et directeur du Théâtre lak ; Mahomed Bashaev **Магомед Башаев**.

Couverture d'une publication posthume d'Abutalib Gapurov « Les contes du vieillard », 44 nouvelles ; graphiste O. Guseynov

Religion

En réaction aux persécutions contre les musulmans en URSS, les montagnards libres ont su sauvegarder l'islam, la foi transmise par les arabes, et préserver toutes leurs pratiques religieuses, plus au moins tolérées à l'époque précitée. A présent, une mosquée sur deux en Fédération de Russie est au Daghestan. Les Laks sont majoritairement musulmans sunnites de rite *shaféite* (à plus de 90%). Certains sont affiliés à une confrérie soufie dont la plus importante est la *naqshbandi* [13], implantée au Daghestan au XIVe siècle.

13 Onze préceptes de cette Confrérie : 1 la respiration consciente, 2 observer les pas, 3 le voyage vers la maison, 4 la solitude dans la foule, 5 le souvenir essentiel, 6 le retour, 7 être attentif, 8 le souvenir, 9 la conscience du temps, 10 la conscience des nombres, 11 la conscience du cœur.

De nombreux savants ulémas arabistes enseignèrent en terre lak. Au XIXe siècle, une branche de la tarîqa suffi, le muridisme, apparaît dans le Caucase en réaction contre les « envahisseurs infidèles ». La figure la plus importante est celle du sheikh Djamaluttin de Kazi-Kumukh **Джамалуттин Казикумухский** (1788-1866), disciple du grand Mahomed Yaragski **Ярагъ Мегьамед** (1771-1838), lezghi, maître de l'Imam Shamil et fondateur du muridisme au Daghestan. Sheikh Saïfulla Kadi Bashlarov **Сейфулла Кади Ницовкрийский Башларов** (1853-1919), savant érudit, maîtrisant dix langues dont l'arabe et le russe ; député du Daghestan à la Douma en 1905, il avait une grande autorité sociale et spirituelle. Hasan Guzunov (1854-1940), érudit arabiste de Kumukh, auteur des nombreux traités d'astronomie et de théologie, poète. Yusup Murkelinsky **Юсуп Муркъелинский** (1860-1918), poète savant et polyglotte. Ali Kayaev **Аьли Къаяев** (1878-1943), savant et philosophe, réformateur de l'école traditionnelle, originaire d'une famille ancienne de Kazi-Kumukh, étudie au Caire, subit les répressions staliniennes et meurt en déportation.

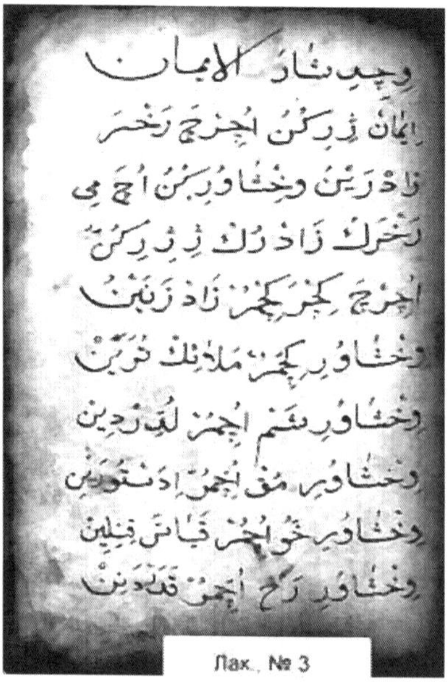

Recueil « Iman va Islam », auteur d'une partie du texte : sheikh Djamalutdin al-Gazykumuki, copiste Mourtadaali al-Kilatli. date de la copie : l'an 1295 de l'hégire (1878).
Lieu de la copie : ville de Kassimovsk, gouvernement de Riazan. Format : 10,5 x 17,5, encre noire, capitales en rouge. Propriétaire : Sahib haza kitap Cum'ali Asulunuf.
Prières arabes, leur explication en lak ; Sourate 36 ***Yâ-Sîn*** (oraison funèbre).
Début «ГьарцумацІа ттул диндалун уссийнгу сийнгу кІулшага, цумаца адаминайгу, щарссанийгу имангу, исламгу…».
Fin «…. ВилцІун бивкІун бури цІа Йаъфур тІисса, ттуккугу бивкІун бури цІа Аьйбат тІисса, ттизайсса ттагу бивкІун бури ».
Catalogue des manuscrits, Acad. sciences, sect. daghestanaise, N°241, f.14 op.1. Cité par S. Khaïdakov, Essais du lexique lak, pages 110-111.

En guise d'exemple d'un autre type de texte, nous présentons ci-dessous la version lak de cette prière universelle :

Notre Père en lak	***traduction***
Эсал гайннахь куну бур :	*Isa leur dit :*
Дуаь дуллалийни,	*Quand vous prierez,*
укун улучара :	*prononcez ceci :*
Я Ппу, вил цIа	*Ô Père, que ton nom*
бюхттулну личIаннав	*soit hautement apprécié*
Вил ЩIусса Дуниял	*Que Ton Monde*
ччяни дучIаннав	*Nouveau vienne tôt,*
Жу тачIав ччатIуя	*Ne nous démunis*
махIрум мабара!	*jamais du pain !*
Жун бунагьру	*Pardonne nous*
хIалал бити,	*nos péchés,*
жугу хIалал битарухха	*Nous pardonnons aussi*
Жунма оьбала бувми.	*qui nous ont fait du mal.*
Жуйн захIматсса	*Ne nous envoies pas*
кьини дуккангу мадара.	*le jour de tourment.*

ciel	**ссав** (4)
père	**ппу**
nom	**цIа**
désirer	**ччан**
pain	**ччатI**
donner	**булун**
marque du pluriel	**ру**
nous	**жу**
ton	**вил**
pardonner	**хIалал итан**

...

Depuis la haute antiquité, on disait également
Ялувсса Заннал ххари аннав ина!
Que le Très Haut te donne de la joie !

La cuisine

L'alimentation des Laks était celle des pays de montagne, riche et calorique, basée sur la viande de mouton, les céréales et les produits laitiers. Le fromage de brebis traditionnel, autrefois dans toutes les maisons et sur tous les champs, appelé communément **брынза**, se dit **яттил нис**, **нис** *fromage* **яттил** *brebis.*

Les plats nationaux sont la soupe de lentilles, avec de la viande et des pommes de terre (**гьулуврал накь** чечевичный суп) et le pilaf (**пулав**) à base de riz et de viande que l'on trouve dans tout le Caucase. **Хьхьахьхьари** est une soupe rituelle, préparée à l'arrivée du printemps ou lors d'une sécheresse, avec la langue de mouton séchée, des noix et des haricots noirs. On cuisine quantité d'autres soupes à base de viande de mouton, ou des soupes au foie de mouton, à l'ail (**гьавккури**). Les Laks ne disent pas *manger* la soupe, ils la *boivent* (**дукан / хIачIан**).

Parmi les autres spécialités, citons **таба**, un plat de mouton et de pommes de terre, **курзе**, **буркив**, plat au fromage et à l'oseille, et, bien sûr, **цIарайхдикI** *shashlyk* (grande brochette)

ккурч, kacha / bouillie

ххункI (хинкал), grosses pâtes en forme de coquilles ou carrées, cuites et consommées dans le bouillon à la viande ou à la queue de mouton, servies avec la sauce à l'ail ; le plat national par excellence. Nombreuses variétés, selon la méthode de préparation : **гъавккури** en forme de raviolis, fait par les femmes, et **хъатрирщу ххункI** en forme carrée, le plat des pasteurs ; **аьрайн гъавккури**, frit dans l'huile « pour la guerre ».

Les ravioli russes, **пельмени**, s'appellent **дикIул ххункIру**, littéralement *khinkal à la viande.*

аьрччап, plat au fromage et aux céréales

къавурма (3) *kaurma* (sauce à la viande)

вивра, un gâteau au miel, dessert

Il est d'usage d'offrir aux parents de la mariée un plat spécial dans lequel on prépare le halva, cette pâtisserie sucrée très répandue en Orient appelée **бакъухъ** par les Laks.

кураг (3), *abricots secs*

урбеч ***urbetch***, *pâte-huile* préparée avec des grains du lin **(турт),** du chanvre, tournesol ou des noyaux d'abricot écrasés puis chauffée avec du miel ; sous forme du dessert, elle possède de nombreuses vertus vitaminiques et énergétiques.

нятIухI (3) *khalva* aux noisettes.

буза дукьра хIан, *boisson* fermentée légère, sorte de bière.

мачча (4) *hydromel*, une boisson de mariage, alcoolisée.

Daghestan, disctrict Lak, fleuve Koï-sou, archive de l'auteur

Situation naturelle

Le pays lak est un territoire situé sur le partage des eaux du massif montagneux du Grand Caucase. Les chemins périlleux sur ses crêtes mènent en Azerbaïdjan et en Géorgie, pays voisins. Alpages, hautes cimes, glaciers et rivières impétueuses caractérisent le paysage lak. Des routes goudronnées relient les villages entre eux, dont les premières habitations laks sont éloignées de la capitale d'environ 200 km.

Sur le territoire lak, parsemé des rochers géants aux cavités multiformes, la tradition relate quelques phénomènes naturels énigmatiques, notamment des pierres énormes au milieu des vallées, ou des puits sans fond dont un près d'une ferme de Khosrekh, de 3 mètres de diamètre, et un autre dans la région du village Kuli.

Claude Lévi-Strauss dans son livre « La pensée sauvage », Libr. Plon, 1962, raconte comment Eleonore Smith Bowen (pseudonyme de l'anthropologue américaine Laura Bauhannan, 1922-2002) voulait apprendre la langue d'une tribu africaine et dont ses informateurs, au stade élémentaire de leur enseignement, trouvèrent naturel de rassembler un grand nombre de spécimens botaniques qu'ils nommaient et présentaient, mais l'enquêteur était incapable d'identifier, non pas tant à cause de leur nature exotique, que parce qu'elle ne s'était jamais intéressé aux richesses de la diversité du mode végétal, alors que les indigènes tenaient une telle curiosité pour acquise.

« Ces gens sont des cultivateurs : pour eux les plantes sont aussi importantes, aussi familières que les êtres humains... Les plantes, comme les équations, ont l'habitude traîtresse de sembler pareilles et d'être différentes ou de sembler différentes et d'être pareilles. En conséquence, je m'embrouille en botanique comme en mathématiques. Pour la première fois de ma vie, je me trouve dans une communauté où les enfants de dix ans ne me sont pas supérieurs en math, mais je suis aussi en un lieu où chaque plante, sauvage ou cultivée, a un nom et un usage bien définis, où chaque homme, chaque femme et chaque enfant connaît des centaines d'espèces. Aucun d'entre eux ne voudra jamais croire que je sois incapable, même si je le veux, d'en savoir autant qu'eux ». E.S.B.

Depuis la nuit des temps, et encore en partie maintenant, le peuple lak vivait, dans une osmose avec la nature environnante, qui trouve son expression dans la diversité des noms des végétaux ; leur connaissance était transmise de génération en génération. Nous publions la liste, non exhaustive, des noms laks de quelques herbes médicinales, mauvaises ou comestibles, légumes, arbres et fleurs (d'après la liste du professeur Kh. Khalilov).

Les herbes **уртту**

Agropyron	**марцI уртту**
Agrostemma	**салси**
Ail des ours (allium ursinum)	**ссунусси**
Alchémille	**къузурил ликри**
Allium ursinum (ramson)	**санхьхьути, урттил лаччул чимус**
Andropogon tenuiberbis	**суннил уртту**
Aneth	**гьаран**
Angelica archangelica	**кьяк**
Anis vert	**ганзир**
Arctium	**ккаччив (улклул)**
Artemisia scoparia	**гьуклу**
Artemisia absinthium	**ла**
Atriplex chénopode	**изагур**
Atriplexe hastata	**иникьяжа**
Aulne	**мажилул мурхь**
Avoine	**нехъа**
B*arbarée commune (herbe de Sainte-Barbe)*	**хharттун кIичIала (бючIун кIичIала)**
Bardane	**улчча**
Berberis	**сус**
Blé	**лачIа**
Blé d'hiver	**ссуттил лачIа**
Bouleau	**кIялахIи**
Campanule	**гюнгютIи-тIутIи**
Camomille	**кIяла тIутIи**
Cannelle	**дарчин**
Capsella	**ччурччу хьхьути**
Cerise-prune sauvage	**ккурмуз**
Champignon	**ттуккул нис**
Chanvre (corde)	**ницIай хъува (ччанаппи)**
Chardon (onopordon)	**бурхьни бюру, викъи**

Chardon aux ânes (fausse-acanthe)	**бюру**
Chêne	**пялут**
Chénopode	**ккаччил мамари**
Chicorée	**цIикIури (хъунил тIутIи), оьчIула**
Ciguë vénéneuse	**чIяхъ**
Cirse des champs	**муччуч**
Cornouiller	**жунав**
Cresson alénois	**гьамала ккиж**
Cumin	**явш**
Dattier	**чассагул мурхь**
Datura	**ттурлан**
Eglantier, bruyère	**ццац, хъанакI**
Estragon	**тархун**
Euphorbe	**ттуккул накI**
Festuca valesiasa	**къюллу**
Fleurs de giroflier	**михак тIутIи**
Folle avoine	**мулцу**
Fraise	**кьюнукьи**
Framboise	**ахънил кьюнукьи**
Framboise sauvage	**вацIлул мамари**
Gagée	**суннил чимус**
Gentiane jaune (médicinale)	**касмалул уртту**
Gingembre I	**кIялажавж**
Gingembre II	**ххатин, нацIу мархха**
Grande ortie	**ккаччил мечI**
Groseille	**оьрчIикIури**
Groseille verte	**хъяса**
Hêtre	**чинар**
Huile d'olive	**зайтундалул аьгъушиву**
Joubarbe (sempervivum)	**къягъул гьивч**
Jusquiame (herbe de Sainte Appoline)	**лухIи ттурлан (авлия мархха)**
Lichen (mousse)	**михьлишали**
Lin (linum)	**турт**
Liseron des champs	**кIагъ (мумиялу)**
Malt	**кIут (къалмул)**
Malva	**папажари (тIутIи)**

Malve royale	**гьукIлу**
Marronnier	**шагьбаллут**
Mauvaise herbe	**цIинцI-уртту**
Mélilot officinal	**гъюнугъи**
Melon	**къан, пасттан**
Mente	**сура**
Millet	**ши**
Moisissure	**мяххи**
Muguet	**ттиркьюкьи тIутIи (Марияннул макь)**
Myriophylle	**кIуллул магъру, бумадаран, гульмадаран**
Myrtilles	**оьрчIикIури**
Navet	**лухIи кьая**
Néflier commun	**азгил**
Noisetier	**пуннукьул мурхь**
Noisette	**пуннукь**
Noix de coco	**гьиндусттаннал гьивхь**
Noix de muscade	**лухIи жавж**
Noix	**гьивхь**
Oignon rouge	**ятIул чимус**
Oignon vert	**сунчимус**
Olivier	**зайтундалул мурхь**
Orge	**хъа**
Orge (Hordeum vulgare)	**у**
Ortie	**мечI**
Ortie blanche	**кьири мечI**
Oseille	**кьурчI**
Pavot	**ххунххутIи**
Perce-neige	**дараччи**
Peuplier	**хIавилул мурхь**
Pin	**ттарлил мурхь**
Pissenlit	**къуппаххалаххи**
Plantago	**хIухчил чIапIи**
Prunellier (épine noire)	**бухъ**
Pois cultivé	**мюрш хъюру**
Poivre	**иссиявт**

Primevère	**ччиккул тIутIи**
Prunus padus (bois-puant)	**някIуннарал мурхь**
Radis	**ятIул кьая**
Radis noir	**кьая**
Renouée d'Aubert (Fallopia aubertii)	**кьюрщул чIапIи**
Renouée des oiseaux (Polygonum aviculare)	**къузулил уртту**
Ronce commune	**мамари**
Rumex confertus	**нацIу мечI**
Safran	**зяъпиран**
Sauge	**машаку**
Saule	**щавщи**
Salsifis cultivé	**кяцлул чIири**
Seigle	**суслачIа**
Seigle d'hiver	**ссуттил сус лачIа**
Solanum (les morelles)	**оьрватIул ахъулсса**
Sonchus arvensis	**хъунил тIутIи, хъахъи тIутIи**
Sorbe	**швай (шай)**
Stipa caucasica	**суннил ххалаххив**
Thuya	**ттарлил мурхь**
Thym gaber	**лякьлул уртту**
Thym	**ттуккул цIу**
Tilleul	**хьхьирилул мурхь**
Trèfle	**шанчIапул уртту**
Tremble	**щавщи-хIави**
Tubéreuse	**ххатин**
Tussilage (pas-d'âne)	**неххал чIапIии**
Vesce	**ссирк**
Vicia crocea	**хIакья хъюру**
Vicia faba	**лухIи хъюру**
Violette	**банавша**

Les origines des Laks

Hérodote d'Halicarnasse (v.~485- ~452) mentionne les peuplades sauvages des rives de la mer Caspienne dans le Caucase méridional.[14] Général Piotr Uslar, linguiste, ethnographe et philologue russe, dans son article daté de 1868 sur la littérature caucasienne, déconsidère l'affabulation finale de ce verset. On trouve dans XI, 5 de la Géographie de Strabon de Cappadoce (~58?-entre 21 et 25) la mention des tribus scythes « leghes » (ληγαι) et « guels » (γηλαι), vivant dans les montagnes du Caucase, parmi les Alvanais et les Amazones. Plutarque le Béotien (46/49-v.125) dans sa « Vie de Pompée », décrit également certains legues (ληγες) vivant dans les montagnes du Caucase. L'historien arménien Moïse de Khorène Մովսէս Խորենացի (Мовсес Хоренаци, 410-490), dans le chapitre XXXVIII de son « Histoire de l'Arménie », décrit la victorieuse bataille des troupes gréco-arméniennes contre les Perses, soutenus par le roi lek Sh'ir'ir. Historien arabe Al-Masû'dî de Bagdad (mort en 956) considère les Laks comme un des plus anciens peuples du Daghestan, en les nommant gummik. Cette nomination apparaît également dans les chroniques géorgiennes.

Khosrow Anushirvan, roi sassanide (531-579) philosophe et protecteur des arts, règne sur toute la région de la mer Caspienne. Dans sa lutte contre les Khazars, peuple nomade, qui envahissent le Caucase, il construira les fortifications de Derbent, qui n'empêcheront guère l'expansion des Khazars dans les terres de l'intérieur. Il existe quelques avis sur leur présence à Kumukh, qui se transformerait à ce titre en diocèse chrétien et aurait été gouverné par les ***badriks*** (patriciens). Cela reste à vérifier. Il est notoire également que l'élite khazar a été convertie au judaïsme, et il en découle une hypothèse qui attribue à cette conversion l'origine de toute la population juive ashkénaze en Europe centrale. Il est possible que les termes toponymiques laks **жугьут-гьятта-лу** cimetière juif, **жугьутнал ар** champ juif (près du village de Khosrekh), remontent bien à cette période.

---

14 Hérodote, *Histoire*, Livre I, CCIII : *La mer Caspienne est une mer par elle-même, et bien différente de l'autre. Elle a autant de longueur qu'un vaisseau qui va à la rame peut faire de chemin en quinze jours, et, dans sa plus grande largeur, autant qu'il en peut faire en huit. Le Caucase borne cette mer à l'occident. C'est la plus grande de toutes les montagnes, tant par son étendue que par sa hauteur. Elle est habitée par plusieurs nations différentes, dont la plupart ne vivent que de fruits sauvages. On assure que ces peuples ont chez eux une sorte d'arbre dont les feuilles, broyées et mêlées avec de l'eau, leur fournissent une couleur avec laquelle ils peignent sur leurs habits des figures d'animaux. L'eau n'efface point ces figures, et, comme si elles avaient été tissues, elles ne s'usent qu'avec l'étoffe. On assure aussi que ces peuples voient publiquement leurs femmes, comme les bêtes.*
Traduction grec-français : Pierre-Henri Larcher, 1786, éd. Charpentier 1860

Étymologie

Dans le passé, jusqu'à la révolution d'octobre 1917, de nombreux peuples du Daghestan n'avaient pas leur nomination ethnique propre, excepté les Laks. A titre d'exemple, les mot « lezghi » ne signifiait pas l'ethnie lezghi mais était employé par les Azéris pour tous les peuples du Daghestan. Les Géorgiens et les Arméniens appelaient tous les Daghestanais « lek ». A noter que dans la littérature plus ancienne, on rencontre le mot « lezgi » sous forme de « lekzi ». Le philologue V. Abaev remonte le nom propre « lak » au « laeg » d'origine ossète, qui signifie « l'homme ». A. Alikhanov-Avarsky remonte les Laks aux Huns. Les langues du Daghestan, dont le lak, sont apparentées génétiquement aux langues indiennes, de l'Asie Mineure et de l'Extrême Orient. Célèbre philologue russe du XIXe siècle, P. Uslar, comparait le terme « lak » avec la dénomination « leghi » chez l'historien du début de notre ère, Strabon. C'est également lui qui a soutenu la thèse sur la parenté du mot « lak » avec le nom Lekos, connu dans les chroniques géorgiennes en tant qu'ancêtre mythique de tous les peuples du Daghestan. Le spécialiste des langues caucasiennes, N. Marr propose une hypothèse sur la migration des Laks du royaume de Urartu. S. Kolokoltsev pense que les Kazikumukh sont un peuple formé à partir des anciens Kumukh, les restes de la tribu des Kommatchen, qui faisait des razzias en Asie Mineure au VIIe siècle avant J.-C.

Les travaux de I. Abdoullaev et K. Mikailova fondent la première tentative d'élucidation scientifique de l'origine des ethnonymes lezghi et lak (lek). Ils pensent entre autre, que la forme géorgienne « lek », reconstruite par Strabon en « leghi » en tenant compte des remarques du compagnon de Pompée, Théophan de Mitiline, au sujet de l'Albanie Caucasienne, sur les Leghs et Ghels, habitant les territoires entre les Albanais et les Amazones, remonte au « lak » plus général pour tous les Daghestanais. V. Minorsky pensait aussi que la racine « lak » est locale et se rapporte au mot « lagh » qui signifie « homme » dans plusieurs langues du Caucase et en Géorgie.

La langue est une des sources principales pour connaître la provenance des Legs du Daghestan. L'étude de cette langue dans son développement historique dévoile les changements qui se sont produits dans la vie quotidienne, politique et culturelle du peuple lak. Leur langue a beaucoup de mots étrangers, empruntés en diverses époques et apparus dans la langue grâce à des influences variées. Ces mots prouvent les relations économiques et culturelles des Laks. De cette période protohistorique, il ne nous parvient aucune trace orale ni écrite, la seule source est la langue avec ses éléments constructifs. Mais, au regard aussi bien de nombreux dialectes du lak que de sa parenté avec de nombreuses langues daghestanaises dont le darghin, l'avar et le tchétchène, il nous est difficile de savoir aujourd'hui avec exactitude, s'il s'agit finalement du résultait des convergences linguistiques locales de plusieurs tribus isolées ça et là dans des zones géographiques données ou au contraire, de la division d'une pra-langue legh, ce qui relève de processus bien différent.

Le terme « lak » apparaît dans les annales des rois assyriens du VIIIe siècle avant J.-C. Cette dénomination tribale figurait un pays indépendant situé, selon les avis des chercheurs, en partie nord de la Mésopotamie, sur le cours du fleuve Euphrate au sud de la ville actuelle de Meletène. Ce pays est connu dans les sources comme la ville royale de Kummukh ou Kutmukh. La coïncidence hypothétique de cette ethnie avec les Laks est autant probable que paradoxale. Cependant, dans la région, habitée par cette tribu, on localise plusieurs autres dénominations toponymiques daghestanaises. Dans les inscriptions cunéiformes des villes assyriennes, les lieux habités par les Laks se nommaient Tituli, Kibaku, Kuba et Shereshi. L'étymologie de ces mots se retrace facilement dans la langue lak. Kuba *vingt*, Kibaku (ki *deux*, baku *montagne*, *colline*) ; Shereshi *source d'eau, fontaine*. Sur les Laks classiques de la Mésopotamie, d'autres précisions historiques existent. Par exemple, après l'affaiblissement du puissant royaume Hittite, deux états apparaissent sur l'arène historique en Asie Mineure : Assyrie et Urartu. Assyrie, permanent rival d'Urartu, garde dans ses chronique de nombreuses descriptions des campagnes militaires et batailles entre ses rois et les dirigeants du royaume des Laks. Déjà les chroniques de Salmanasar Ier (XIIIe siècle avant J.-C.) mentionnent des tribus descendues des montagnes, qui s'accaparent le pays Kutmukhi et contre lesquels le Tiglatpalassar Ier (~1115 ~1077) livre une bataille sanglante. Le roi assyrien Ashurnasirpal II (~884/3 ~859) effectue une large conquête, annexant les terres entre la rive droite du Tigre jusqu'au pays lak, à la frontière avec la Babylonie. Mais il est peu probable que leur territoire, avec la capitale Kutmukh se trouvât sur la rive droite du fleuve, plutôt au-delà, sur les côtés de la vallée d'Euphrate. Cette période est caractérisée par des grands mouvements migratoires des peuples d'Asie. Au VIIe siècle avant J.-C., avec la chute d'Urartu, la migration des Khaïasses (Armenes) se produit depuis les régions occidentales du pays Hittite. Hérodote écrit qu'une partie des Scythes, après leur défaite face aux Mides, migra vers le nord du Caucase. A ce moment on ne trouve plus les Laki en Mésopotamie, alors que Pline l'Ancien (23-79) mentionne la présence à cette époque des tribus guels et leghs sur les bords de la mer Caspienne. [15]

La société féodale lak se subdivisait en plusieurs ordres. **Багтал** (sing. **Бак**), ***beks***, *riches propriétaires* des terres et des troupeaux, en alliance familiale avec les khans de Kazi-Kumukh. **ЧIанкIри**, *leurs enfants* avec les femmes des catégories inférieures. **Уздантал** (sing. **Уздан**), ***uzden***, *paysans libres*, majoritaires. **Рейат,** *serfs*, affranchis seulement en 1913, et **лагъарт** (sing. **лаг**), *esclaves* (L. Lavrov).

15 Source : Ramazan Marshaev et Buta Butaev, *Histoire des Laks*, 1991.

Moyen Âge

D'après la tradition orale du peuple, nous essayerons de construire une vague représentation de l'aspect, des armements et coutumes des Laks à l'époque féodale. De taille moyenne, solidement bâtis, teint hâlé, épaisse barbe noire, nez droit à l'extrémité crochu, yeux noirs expressifs, les Laks se rasaient la tête, les cheveux gênant lors des expéditions militaires. Les vêtements traditionnels des hommes étaient la courte tunique ***beshmet*** (**бешмет**), les bottes en cuir marron (**сапоги**), le chapka en karakul noir (**папаха**) et une sorte de robe courte, prise à la taille par une ceinture, ***tcherkeska***, (**черкеска**), aux bras libres et articulés.

Dans les chants et épopées ancestrales laks, apparaissent des allusions aux troupes romaines et à leurs campagnes caucasiennes. Il est probable que les Laks eurent autrefois des occasions de se heurter aux Romains, d'autant plus que Pompée a mené quelques guerres dans le Caucase. Les jeux le rappellent curieusement : au printemps, les enfants de 8 à 15 ans se réunissent dans une ancienne fortification de Kazi-Kumukh, se partagent en deux camps et commencent à se battre avec tout ce qu'ils trouvent sous la main, excepté de vraies armes. Un parti se nomme littéralement « l'ordre romain », l'autre « l'armée lak ». La technique du combat lak alors se fait en tierces, allusion aux centuries romaines qui se battaient en trois rang : soldats jeunes, soldats mûrs et vétérans.

Durant des siècles, vêtus d'armures de guerre, formés en brigades, les Laks rodaient de longs mois à l'étranger, en quête de butin. Ils ne se mélangeaient jamais avec leurs voisins, sauf face à un danger commun, lorsque les corps armés laks rejoignaient leur anciens frères-ennemis pour affronter les envahisseurs extérieurs plus puissants. Dépouiller ou assassiner un étranger procurait aux Laks une vraie satisfaction, néanmoins, infâme était celui qui tuait son ennemi dans le dos !

Depuis les temps ancestraux, les Laks se regroupaient par *tukhums* (clans) ; le danger permanent extérieur renforçait leur amitié inter-clanique. Le plus ancien était élu comme chef du clan, son autorité faisait loi sans contestation.

Les Laks antiques n'avaient aucune idée de l'organisation étatique et ne supportaient donc aucun pouvoir absolu venu de l'extérieur ; leur liberté indomptée et sauvage fut un palladium sacré. Les clans voisins s'aventuraient rarement dans les guerres civiles fratricides et de tels troubles de l'ordre public furent condamnés et punis par le peuple tout entier.

L'ancien ordre clanique entretenait des liens sociaux entre les *tukhums* (familles), et par conséquent, apportait une cohésion à la tribu lak. Les sujets nationaux étaient gérés par un Conseil des anciens ; une assemblée des vieux sages de tous les clans se réunissait dans un lieu déterminé pour délibérer sur certaines questions. Leur verdict faisait foi pour le peuple. Sans un accord commun, ou celui d'une majorité, aucune campagne militaire ni élection du chef n'était possible.

Le peuple limitait le pouvoir du chef élu. Il arrivait que la brigade militaire, lors des moments les plus critiques, reniât son guide, s'il s'avérait indigne pour une raison ou une autre ; on élisait immédiatement un autre à sa place. Plus tard, lorsque le développement historique démontra les lacunes de ce type du gouvernement, le peuple établit des règles obligatoires communes, grâce auxquelles on pouvait espérer une entente globale, en vue de la défense de la patrie ou des projets de domination des voisins.

Les rafles des jeunes femmes d'un clan voisin furent très répandues parmi les Laks. Cette pratique suscitait de terribles querelles qui terminaient pour l'essentiel dans un bain de sang et un massacre mutuel. Cette circonstance était l'obstacle principal à la croissance des populations laks. Cependant, la conscience populaire mit en évidence la nécessité d'une institution juridique plus générale, ainsi les ***adats***, réglant les us et coutumes, et les juges (***kadi***) firent leur apparition, mettant un frein aux guerres fratricides.

Le quotidien de nos ancêtres était très rude. Ils mangeaient de tout et sans aucune régularité. Les Laks ne pratiquaient aucune forme de polygamie et traitaient bien leurs femmes. L'usage domestique était extrêmement pauvre : les vestiges font entrevoir quelques ustensiles en terre cuite, le tripode en forge pour bouillir les aliments, les plaques de fer pour pétrir le pain.

Les lampadaires en forme de bottine à gorge étroite faisaient paraître la mèche allumée ; parfois c'est une simple pierre carrée concave, où la graisse se consumait en crépitant, qui fournissait un éclairage rudimentaire à la ***saklia***, minuscule bâtisse de pierres montées pratiquement sans enduit.

Les chroniques gardent le silence sur la foi des Laks antiques. De quelques indications, parvenues à travers les chants anciens, on conclut que les Laks préislamiques étaient païens. Ils croyaient en l'existence de dieux mystérieux et d'êtres surnaturels, esprits maléfiques des maladies, de l'eau, de montagne, les gnomes, les démons. Le culte tardif fut celui du Soleil, premier dieu du panthéon lak, tandis qu'il ne nous parvint pratiquement aucune précision sur leur particularité cultuelle, rites ou sacrifices. Le système légendaire mentionne trois mondes, celui du haut, du milieu et d'en bas.[16]

---

*Le royaume Médique, disparu en ~553, était au centre du Zoroastrisme, devenu la religion d'état sous les Sassanides. Dans le passé, les Laks entretenaient un culte du feu, proche à celui des anciens Mèdes : à l'arrivé du printemps, ils allument les feux des bûchers sur les cols et les sommets, et sautent par-dessus. Chaque saut réussi devait guérir des maladies et laver des péchés. Les enfants à l'équinoxe confectionnent les boules d'argile (**mIурщи**), dans lesquelles les brochettes en bois sont fixées. Ces boules servent de projectiles enflammés, lancés depuis les hauteurs du village au moyen d'une fronde en cuir (**урун битан**), une vision féerique durant la nuit ! Dans le passé, chaque village lak aménageait un lieu spécifique pour entretenir le feu inextinguible. Dans les tombes, on mettait des lampadaires, du charbon de bois et des morceaux du* kiziak *(**бя** –* fumier desséché, *consumé traditionnellement dans les poêles). Pendant les cérémonies nuptiales, pour chercher la fiancée, les jeunes sortaient en procession avec des torches allumées et faisaient du feu devant l'entrée de la maison pour sauter par-dessus.*

16 Source : Saïd Gabiev, Recueil d'informations sur les montagnards du Caucase, Tbilissi 1906.

Sur l'apparition des Arabes dans le Caucase

En 632 le Prophète Mahomet décéda, mais son enseignement se propagea à travers le monde, en couvrant l'espace entre l'Inde et la Chine jusqu'aux montagnes de Castille et au Caucase. Ses adeptes, les califes, reprirent avec enthousiasme l'épée de la foi et traversèrent les terres de l'Extrême Orient jusqu'aux Pyrénées, au nom d'Allah tout puissant.

En 777, l'an 116 de l'Hégire, les Arabes avec Abû Muslim à leur tête apparurent dans les montagnes du Caucase et commencèrent le prêche de l'islam, s'appuyant sur la force. Les Laks furent un des premiers peuples du Daghestan qui se convertit. L'historien arabe, parlant des Laks - gummik de cette époque, - raconte qu'ils n'avaient aucun chef mais étaient gouvernés par les élus parmi les anciens du peuple.

La légende populaire raconte la conversion en ces termes : lorsque le peuple prit connaissance de l'arrivé des nouveaux venus, établis à Derbent, les anciens déléguèrent une mission ayant pour but d'apprendre ce que ces arabes désirent. Les missionnaires arabes saisirent l'occasion de cette ambassade et se rendirent dans les terres intérieures du Daghestan, conduits par Abu-Muslim. Ils se présentèrent à Kumukh et firent les sermons de la nouvelle religion. Séduits par les longs prêches qui vantaient les béatitudes du paradis pour des bons musulmans et la vie future après leur mort, nombreux Laks, présents à la capitale, en quelques jours seulement, acceptèrent cette nouvelle doctrine. En accord avec le peuple et ses anciens, Abû Muslim posa à Kazi-Kumukh une pierre fondatrice de la première mosquée au Daghestan, qui demeure toujours intacte dans le bourg. [17]

---

17 Le texte d'après Saïd Gabiev. **Nota bene** : Abû-Muslim al-Khurasani, général abbasside né à Isphagan en 718 et mort en 755, était le fils d'un zoroastrien de Khorassan. Abû Muslim fut un grand défenseur de la cause abbasside, il rencontra leur Imam Ibrahim ben Muhammad à la Mecque et devint plus tard un ami personnel d'Abû al-Abbas as-Saffan, futur calife.

Il fut envoyé à Merv par les Abbassides en 747, contre le gouverneur Nasr, qui avait tenté de s'allier à l'insurgé sogdien Harith Ibn Sarayi. Reçu avec enthousiasme, il bénéficia du soutien aussi bien des chiites que des kharidjites, mazdéens, mazdakites et même des chrétiens et juifs, fortunés et influents dans la région (l'un d'eux, Mahyar, fut tout dévoué à Abû Muslim).

C'est en janvier 748 qu'avec 10.000 hommes Abû Muslim marche finalement sur Merv, capitale du Khorassan, d'où il chasse Nasr. Le poursuivant, il met en déroute les deux armées que les Omeyyades avaient envoyées contre lui, obligeant le calife Marwan II à se réfugier en Égypte. Al-Mansûr haïssait Abû Muslim en raison d'humiliations subies pendant le règne d'As-Saffah. Al-Mansûr et lui se querellèrent à propos de la garde du butin amassé lors d'une dernière campagne victorieuse en Syrie d'Abû Muslim. Ce dernier refusa

Selon Hasan Alkadari, historien daghestanais du XIXe siècle, lorsque Khalif Abbas installa à Derbent plus de 700 familles ressortissantes de Syrie, Mésopotamie et Mosul, parallèlement à la construction des fortifications, ces Arabes ont également érigé deux mosquées identiques, l'une à Derbent, l'autre à Kazi-Kumukh dont l'inscription date de l'an 160 de l'hégire et signifie « la mosquée consacrée qu'ils érigèrent en honneur de la dévotion envers Allah Très Haut d'Abu-l-Muslim », ce qui présente une version bien plus vraisemblable que Abu-Muslim en personne.

En résumé, entre la fin du VIIIe et le début du IXe siècles, les califes Abbassides ont remplacé par leurs hommes les gouverneurs locaux du Daghestan. Ils les ont proclamé propriétaires de ce territoire. A. Bakikhakov et H. Alkadari parlent de la nomination d'un gouverneur du pays lak, de la lignée de l'oncle du prophète Abbas, avec le titre Shamkhal-shahbal, et la résidence à Kumukh. Sur l'origine du terme shamkhal, les historiens V. Bartold et A. Polievktov affirment qu'il provient du nom d'un chef de guerrearabe, Shah-Baal ibn Abdulla, nommé gouverneur du Daghestan.

La tradition orale locale lak relie le terme Shamkhal soit avec l'action d'Abû Muslim, soit l'attribue au descendant du Prophète Mahomet.

---

d'obéir au calife et se dirigea vers le Khorasan en passant par Hulwân. Al-Mansûr finit par promettre que si Abû Muslim venait à sa rencontre, il ne lui serait fait aucun mal. Abû Muslim tomba dans le piège et se rendit auprès d'Al-Mansûr. Au mois de février 755, quand Abû Muslim fut mis en confiance, Al-Mansûr l'invita et lui fit part de tous les griefs qu'il avait à son encontre l'appelant à cette occasion « Abû Mujrim » (Le père du crime). Sur un signal d'Al-Mansûr, cinq hommes armés tuèrent Abû Muslim à coups de sabre. Le cadavre d'Abû Muslim fut enroulé dans le tapis qui garnissait le sol, puis jeté dans les eaux du Tigre. Le terme « Compagnons d'Abû Muslim » désigne un certain nombre de révoltés souhaitant venger ce dernier, actifs de 755 à 783. À peine Abû Muslim mort, son ancien ministre des finances Simbad de Nichapur tenta de le venger. Celui-ci est arrêté à Hamadan en 755 après avoir guerroyé dans le nord de l'Iran. Il est suivi d'Ishaq qui s'était proclamé successeur de Zarathoustra (échec en 757) puis du mazdéen Oustad Sis, qui aidé de 300.000 hommes, après s'être emparé de la plupart des villes, échoue en 767. Le dernier révolté des insurrections des « Compagnons d'Abû Muslim » fut al-Muqanna, actif de 776 à 783. Pour lui, l'esprit de Dieu s'est incarné dans tous les prophètes, les deux derniers étant Abû Muslim et lui-même.

Selon « Tariqi-Daghestan »,[18] Shamkhal était le nom du premier gouverneur arabe. Il le tenait de son grand-père, originaire du village Khal à Sham (Syrie). Sa généalogie fut brillante, il était le fils d'Émir-Khamza et descendant directe de Sultan-Ahmet, Khan-Mohamed, Abdul-Melik, Al-Arabii, Ibrahim, Ishak, Mansour, Kassim, Yakub, Omar, Naïb et Suleiman (Solomon). Une autre source, ***Derbent-namé***, précise que Muslim, frère du calife Khasham ibn Abdul-Melik, chef des troupes arabes au Daghestan, après avoir conquis Kumukh, nomma pour gouverner un certain Shah-bal, fils d'Abdulla, fils d'Abbas. Selon les traditions orales des habitants de Kumukh, dans la mosquée de Bougraï se trouvait la tombe de Shakh-Baal, fondateur de la dynastie des Shamkhals.

La science historique souligne l'impossibilité de la présence au Daghestan de Abu-Muslim, assassiné avant l'époque en question. Les chercheurs pensent que la popularité d'Abu-Muslim parmi les montagnards lui attribue cette présence et induit en confusion les faits historiques. Il est certain que la conversion des Laks est liée étroitement à un autre chef de guerre arabe, Maslama.

Alkadari informe qu'au Ve siècle de l'Hégire (XIe commun) un missionnaire du nom Abu-Muslim vint de l'Arabie au Daghestan pour enseigner la foi et propager la charia.

Hasan de Alkadar (1834-1910), penseur lezghi, petit fils de Mohamad Jaragsky.

18 « Histoire du Daghestan » écrite par Muhammad mollah Rafi Diya ad-din Abul-Fath al Makki, ou le mollah Tchalli ar-Rafi, ou Muhammad-Rafi ash-Shirvani, ou enfin Muhamad mollah Rafi, surnommé Masum, *impeccable* ; les variantes du nom de l'historien daghestanais de la seconde moitié du XIIIe-première moitié du XIVe siècle. *Tariqi Daghestan*, ouvrage écrit en arabe en 1312-1313, a pour sujet l'islamisation de Kumukh et du Daghestan et ses protagonistes, sur la période du Xe au XIVe siècles. Un autre manuscrit historique sur ladite période est « Derbend-Namé », écrit en arabe au XVIe siècle, traduit par un anonyme en lak, dont le manuscrit a été trouvé à Kazi-Kumukh par Yakub-bek Lazarev en 1853. Il existe 40 copies manuscrites arabes de ces livres dont certaines contenant les deux titres.

Analyse de la fin du XIXe siècle

Le pays lak est composé d'une multitude de rochers, crêtes et canyons infranchissables. De la vallée de Samur, il est séparé par les cimes enneigées de Dulti-dag haut de plus de 4.000 mètres, parallèle à la chaîne principale du massif montagneux du Grand Caucase. Seulement durant les trois mois d'été, les cols deviennent praticables. Malgré les obstacles naturels, des escadrons libres des Laks réalisèrent un nombre de raids audacieux contre les riches voisins en Géorgie et Shirvan.

D'autres crêtes, sans être couvertes par les neiges éternelles, séparent les Laks de leurs voisins Avars, Darghins et Kuriniens. Trois voies de communication sont possibles : a) depuis Andaliala par les hauteurs de Turti-dag et à travers les villages Bukhty et Mukark, vers Kazi-Kumukh ; b) depuis Akushi en montant le cours de la rivière Koïsou de Kazi-Kumukh et enfin c) depuis Kura à travers le col de Kokma-dag à 3.300 mètres vers Khosrekh. La complexité du franchissement, les obstacles naturels et l'efficacité des fortifications naturelles du pays ont permis aux Laks de préserver longtemps leur indépendance, malgré les attaques incessantes des peuples d'Asie contre le Daghestan.

Le pays lak est démuni de forêts, la culture y est impossible à cause de la rudesse du climat et de l'absence de terres fertiles. Dans les vallées au fond des canyons s'offre parfois la possibilité des cultures labourées ; autrement, les terres cultivables sont dispersées çà et là sur les contreforts des montagnes rocheuses. Leurs cimes abritent de vastes alpages durant l'été, d'immenses troupeaux de moutons s'y trouvent en pâture, mais la pénurie de fourrage d'hiver empêche le développement de l'élevage du bétail qui ne fournit point les moyens suffisants, avec une agriculture rudimentaire, à la survivance du pays. Les circonstances naturelles font en sorte que les hommes Laks partent souvent ailleurs pour gagner leur vie. Les artisanats, étamage, argenterie, niellure, dinanderie sont bien développés parmi eux ; ils sont aussi des bottiers ou maçons de renommée. Leur femmes font du filage, tissage et feutrage des quantités de laine arrivant aux villages avec la tonte printanière.

Le nombre de Laks n'a jamais été important. Les guerres incessantes avec la Géorgie, l'inimitié permanente avec les voisins et la défense héroïque contre les agressions des ennemis puissants faisaient l'obstacle à la croissance démographique de la population.

Les villages (**аулы**, ***aouls***) étant implantés à une petite distance entre eux, toute la population masculine armée pouvait se réunir rapidement à Kazi-Kumukh en nombre entre huit et dix mille, sur le premier appel des anciens du pays. Cette position particulière a permis non seulement de préserver l'indépendance des Laks mais également d'assujettir les pays limitrophes. Ainsi, sous le gouvernement du khan Tcholak-Surkhaï, les Laks dominèrent les sociétés Varkun-Dargwa et Ashti-Kunki, annexèrent le village d'Artchi, le col de Kara-Samura, soumirent les riches Shémakha et Shirvan. A l'époque de Surkhaï-khan Kun-Buttaï, le khanat de Kura a été annexé à celui de Kazi-Kumukh.

Comme les Laks ne pouvaient vivre du travail de paysan, ils réalisaient des razzias contre la Géorgie, Shirvan, Ganji, Derbent, Bakou, jusqu'aux frontières de la Turquie et d'Iran. Les trophées de guerre n'étaient pas la seule motivation de ce peuple, il voulait aussi démontrer sa bravoure et exprimer sa haine envers tout ce qui est étranger et notamment chrétien. Les Laks d'alors, ne connaissant point d'autres peuples chrétiens, se vengeaient contre les Géorgiens et les Arméniens. Soldats et cavaliers indomptables, ils avaient également l'habitude de devenir mercenaires, toujours dans le but d'épanouir leur esprit de francs guerriers.

En Russie les Laks sont connus officiellement sous le nom de Kazi-Kumukh. En voilà l'histoire de son apparition : le bourg principal lak se nommait Gumukh, **Гъумучи** en lak. Alors que les Gumukh ont été les premiers à se convertir à l'islam qu'ils commencèrent à imposer par les armes aux autres montagnards du Daghestan, les arabes les ont surnommé « gazi » (**гъази**) qui signifie « les combattants pour la foi ». En ajoutant ce titre honorifique au nom du bourg, cela a donné Gazi (Kazi) Kumukh, **Гъази-Гъумучи**, devenu avec le temps la nomination du peuple même. Leurs voisins, Avars et Kumyks, les nomment ainsi, ce terme est passé en langue russe. Les Avars voisins appellent les Laks « Tumav » (plur. « Tumal »), les Dargwas « Vulugouni », les Kuriniens « Yakholissu », les Lezghi « Yakhulvi ». L'étymologie de ces dénominations reste opaque. Les Turcs appellent les Laks « Beyaz lezgi » (lezghi blanc), sinon « lek ».

Quelques siècles avant l'arrivée des Russes au Daghestan, les Laks formaient le khanat de Kazi-Kumukh, puissant parmi les montagnards. Les Laks nomment leur pays Lakralkanu (**Лакрал кІану**), la langue — lakku-maz (**лакку маз**).

Quelque mille Laks sont rattachés à la circonscription de Dargwa et autant à celle de Kura. Le recensement de 1897-98 compte 65.000 personnes. La circonscription principale est divisée en deux ***magals***, Kazi-Kumukh avec la capitale éponyme et Vitskhi avec pour centre administratif le village d'Untchougatl, 10.000 foyers en tout. La langue lak est étendue sur les circonscriptions Kazi-Kumukh, Samur, Dargwa et Gunnib. On parle lak dans 135 villages du Daghestan. Tous les Laks se comprennent sans difficulté, mais il y a des variantes de prononciation, difficiles à décrire. Domine le lak de Kazi-Kumukh, considéré comme langue pure. Les dialectes de Vikhli, Vatchi et Tchaïmi sont particuliers, ils allongent les syllabes et appuient la fin accentuée des mots.[19]

Strabon positionne les Leghs entre les Alvanuis et les Amazones. Chez les Laks anciens, les femmes sans seins se nommaient ***амазу (amazu)****, on leur confiait l'éducation des jeunes filles. Jusqu'à aujourd'hui, les femmes du village Kuli se distinguent par leur bravoure et leur force : elles ne veulent en rien céder aux hommes. Selon la légende, tous les ans, pendant deux mois les tribus leghs séjournaient près du fleuve Termodon en compagnie des Amazones de Ters.*

19 Saïd Gabiev, ouvrage précité. A. V. Komarov *Khans de Kazikumukh et Kura*, 1869 ; Histoire manuscrite du Daghestan par Abbas Kuli-Bakikhanov ; *Affaire d'archive de Derbent.*

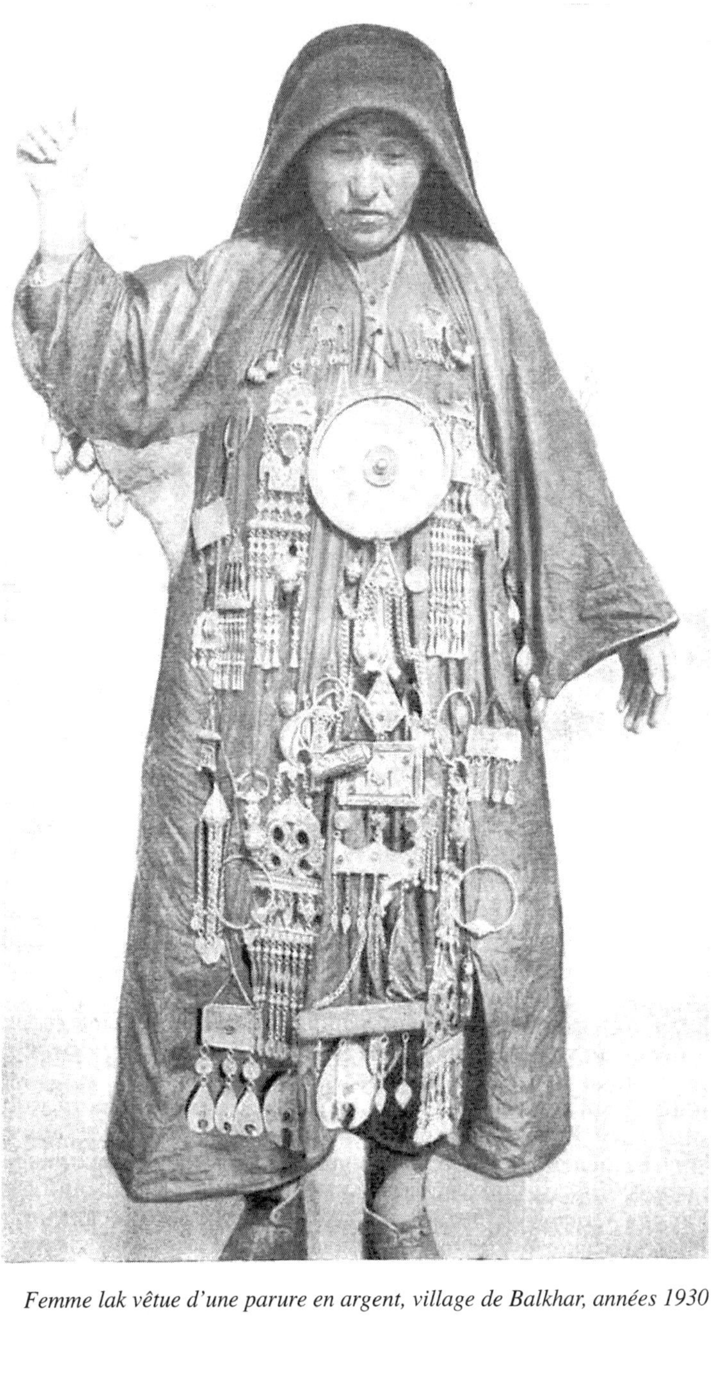

Femme lak vêtue d'une parure en argent, village de Balkhar, années 1930

Panthéon lak préislamique

Абдал : dieu de la chasse, protecteur des caprins, chèvres sauvages et cerfs (« le fou », d'après Khaïdakov).

Алмас хатун (Алпаб) : esprit maléfique féminin, nuisibles aux femmes enceintes et aux enfants. S'accouple avec les chasseurs.

Амир : héros épique lak. Né d'une liaison entre un chasseur et une ***almas khatoun***. De force titanesque, il soulève et jette les rochers, en réveillant ainsi les tremblements de terre. Lutte contre le dieu Zal, qu'il défie et à qui il vole le feu. Zal en colère enchaîne Amir au rocher, seul un aigle sait où se trouve le héros dont les larmes rouillent et émoussent les fers, mais les coups de marteau des forgerons leur redonnent de la vigueur.

Аццалав (Залзанагьий) : esprit maléfique incarné par une femme géante mal coiffée et en haillons ; son apparition prédit les malheurs et les guerres, mais on peut racheter sa bienveillance par la nourriture.

Баргъ : personnification du soleil, forme anthropomorphe d'un magnifique jeune homme irradiant de lumière aveuglante. Il est avalé par le monstre Куртма et libéré par le dieu Zal. Le bien-aimé de →

Барз : divinité, personnification de la lune. Autrefois couple amoureux, la Lune se targuait que les hommes privilégient sa beauté en la regardant davantage. Alors le Soleil en colère projeta de la crasse indélébile sur son visage (origine des taches). Alors la Lune fâchée s'est enfui. Le Soleil avoue sa faute et dorénavant, essaie de la rattraper, en vain.

Бярнил Изажа : maîtresse des eaux. Habite dans les fonds des lacs et des rivières, une belle femme à la peau blanche ; ses yeux et ses longs cheveux irradient une lumière verdâtre. Elle embrasse les hommes solitaires pour les noyer. Objet des cultes sacrificiels.

Вилах (Алпан) : dieu du feu de la cheminée. Habite le foyer de la maison ; les anciens Laks entretenaient un feu éternel, leur malédiction la plus terrible est « que s'éteigne ton Vilakh ».

Дэв (sing.) **Дэвртту** (plur.) : esprits maléfiques communs à tous les peuples asiatiques et ibérico-caucasiens. Selon la légende lak, Dev fut un pasteur des brebis, cyclope géant et cannibale. Un voyageur rusé, capturé et enfermée dans la grotte du monstre pour lui servir du repas, crève son oeil unique et réussit à s'enfuir au milieu des brebis, en s'enveloppant d'une peau de mouton.

Зал : Dieu éternel, omniscient, miséricordieux, maître tout puissant du ciel et de la terre. Zal habite le monde supérieur. Créateur de l'ordre mondial, dont dépend la fertilité et l'abondance de la terre. Avec le développement de l'islam, s' identifie avec Allah.

Зювил (Гудил) : dieu de la pluie. Les vestiges de son culte restent dans les rites d'évocation de la pluie, auxquels doit participer un adolescent couvert de branches et de feuilles vertes.

КIини : esprit bénéfique de la maison qu'il protège et rend prospère. Invisible, Kini visite les maisons un vendredi ; sa représentation est zoomorphe, il prend les traits d'un chat, d'un hamster, d'un serpent à pieds et aux cornes d'or. Si *КIини* laisse ses traces sur la farine que la maîtresse de la maison lui offre dans une assiette, cela annonce l'abondance et le bonheur. Dans la légende de « La femme et du serpent », Kini est un reptile à la tête humaine qui habite le champ d'une femme noble et protège sa récolte.

Кавтар къари (**Кушкафтар**) : esprit maléfique, apparaît sous les traits d'une vieille femme laide qui enlève et dévore les enfants.

Къу аьс : dieu du tonnerre et des éclairs. En phaéton, il parcourt la *voie lactée* (**Аьссал-Ххуллу**, *la voie d'Aç* en lak).

КIяла чIири : « Barbe blanche », esprit ambivalent. Sous les traits d'un cavalier tout de blanc vêtu, il vient devant les maisons et exige de la nourriture. Ceux qui satisfont sa faim, « Barbe blanche » récompense par l'abondance, mais punit par la pauvreté ceux qui refusent.

Мамов : chez les peuples du Daghestan, esprits responsables de la naissance des enfants ; peuvent devenir méchants et maléfiques. Sous les traits des vieilles femmes vêtues de blanc ou de noir, ils envoient les maladies et la mort.

Мантули (**Лахъи хIаллу**) : Natte longue (longue natte). Esprit féminin bénéfique, sous les traits d'une belle jeune femme aux cheveux longs dorés. Mantuli aide les femmes dans leur travaux domestiques, discrètement ; celle qui divulgue le secret, sera lourdement punie.

Пари : esprit succube de la mythologie iranienne. Une Fée, d'après Khaïdakov. Chez les Laks et les autres peuples du Daghestan, Pari est un esprit féminin protecteur des hommes. Sous l'aspect d'une belle femme, elle entre en liaison avec son élu et lui offre des qualités surnaturelles. Ceux qui refusent l'amour de Pari, seront punis des maladies. Selon une légende épique lak, élue des Narts Barkhu et Arine, géants mythiques, Pari habite le sommet d'une montagne enneigée dans son palais de cristal.

РикIарал дакI : littéralement « poitrine de hache ». Représentation anthropomorphe d'un esprit maléfique avec une hache fichue dans sa poitrine. Couvert d'une pilosité touffue, il est insaisissable mais se soumet à l'homme qui réussit à lui arracher une touffe de poils. Gnome, selon le professeur Khaïdakov.

Сулухасу : esprit maléfique sous les traits d'une méchante vieille femme ; habite au fond des caisses à grain. Celui qui attrape son collier, parvient à la dompter ; ainsi elle devient la protectrice de ses récoltes.

Аьрщи Кьулла (**аьрщи** *terre*, **кьулла** *source intarissable*) : divinité des fruits et de la végétation.

Чассажи : maîtresse des vents chez les Laks. Aux cheveux longs et hirsute, elle habite les maisons dans des lieux déserts. Protège les orphelins et les pauvres, intransigeante envers les fainéants et les bons à rien. Sur les hommes qui commettent des mauvaises actions, elle envoie le vent puissant qui balaie et dessèche tout sur son parcours. Pour l'amadouer, on fait fondre sur le feu la graisse du bélier sacrifié.[20]

---

20 *Dictionnaire mythologique* Мифологический словарь, Moscou 1990, réd. Acad. Sergei Averintsev & Collectif. Les articles sur la mythologie des Laks sont signés du professeur Khalil Khalilov.

Chez les anciens Laks fut répandue l'épopée des titans, portant le noms de Narts, **Нарт,** plur. **Нарты** (**Нартътурал бусала**). Nart est le synonyme du géant qui passe son temps à la chasse ; ses traces sur le sol sont larges d'un pied et longues de trois pieds. Parmi ces géants, il y a des bons, proprement Narts, et des méchants. Dans la mythologie nart existe un autre personnage, chevalier-nain, qui monte un lièvre. Sa barbe longue recèle une force inouïe dont d'un seul poil, il peut ficeler n'importe quel géant. Sur la rive Est de la mer Noire, sont présents des constructions en pierre, formées de quatre énormes plaques formant les murs et une cinquième posée dessus en guise de toit. Dans les pierres murales, les trous étroits sont aménagés, où un homme peut à peine introduire un bras. Selon la mythologie des Adygs, peuple du Daghestan du nord, ces dolmens sont construits par les géants pour que les nains y habitent. Ces derniers portent chez eux le nom de **Сипуни**, qui signifie « les sciures ». Selon cette mythologie, *narts* et *sipouni* vivaient ensemble. Les méchants nains faisaient travailler à leur profit des puissants géants. Pourtant, dans les épopées laks, les chevaliers-lièvres apparaissent comme les étrangers.

Картъ est une femme anthropophage géante, mère de nombreuses petites filles également cannibales, qu'elle aime avec douceur. On mentionne une terrible maladie, « le pont de cendres », par laquelle ***Kart*** gratifie les hommes. La provenance de ces légendes et leur lien avec les ***Narts*** reste opaque.

Fait également partie de l'épopée magique des Laks l'histoire d'un jeune homme, petit troisième d'une fratrie, sujet à la jalousie de ses grands frères. Il entre en relation avec le monde fantastique d'en-bas dans ses recherches de la Vérité. Vaillant, il récupère de l'écume de mer son magnifique cheval blanc, obtient un glaive nommé **алмас** (diamant) avec lequel il coupe dix têtes et dix-huit oreilles du serpent s'apprêtant à dévorer les aiglons géants d'une aigle qui niche dans la forêt de sycomores. Les aiglons intercèdent auprès de leur mère qui, pour remercier le preux chevalier, le remonte sur terre. Presque arrivé à la destination, la nourriture commence à lui manquer, et l'homme découpe des morceaux de sa chair qu'il fera manger à l'aigle géante. Une fois sur la terre ferme, cette dernière restitue les parties manquantes et lèche ses plaies qui disparaissent aussitôt.

Généralement, les contes s'achèvent sur un mariage heureux.

Pour la plupart des fables animalières laks, les héros sont la renarde (**цулчIа**), l'ours (**цуша**), le loup (**барцIи**) et aussi le chameau (**варани**). La renarde s'exerce en ruse, parfois très sanglante, contre les autres, qui terminent souvent dévorés par elle.

Voilà un autre type de fable lak :

Une fois le vent dit à la grange : ouvre moi les portes, je vais verser quelque chose. Stupide, la grange ouvre. Le vent n'a non seulement rien versé, mais en s'y engouffrant, ramasse tout et emporte avec lui. Le soir, le maître de la maison vient chercher du combustible [21] *pour le mettre dans sa cheminée. N'ayant rien trouvé à la grange, il la démolit et brûle aussi bien la porte que les poutres. Depuis, la grange demeure en ruines (sans toit et sans portes).*

Ornement d'une pierre tombale, 1954, Académie

L. Lavrov (1909-1982) comparait l'aire d'habitation des Laks à la soucoupe aux bords surélevés des hautes montagnes qui facilitaient la consolidation des différents tribus de cette zone en une seule ethnie lak, mais d'autre part favorisaient leur isolationnisme.

21 La glume (en russe - **мякина**, en lak - **нахь**). Ce un mot français dérivé du latin *gluma*, soit la balle de graine, substantif lié au verbe *glubere* signifiant peler ou écorcer.

Бя (ЩIу дишайсса) – кизяк en russe, le fumier desséché pour le feu, que l'on utilisait (et on utilisera encore) dans les cheminées et poêles.

Paysan lak portant ***хъун рахIу***, un grand manteau *en peau de mouton, vêtement traditionnel. Académie*

Fêtes, rites funéraires et nuptiaux anciens

Tous les tribus du Daghestan se ressemblent ; seul un regard expert pourrait les distinguer. Décrire les particularités morphologiques propres aux Laks est très délicat ; elles se composent d'une somme de traits menus, à peine discernables, dont aucun en particulier ne saute aux yeux mais dont l'ensemble forme une expression propre et bien distincte de chaque ethnie.

Le Lak type est de taille moyenne, bien bâti, maigre, de beaux yeux noirs sur un visage basané et pâle, les cheveux noirs, le nez droit, souvent allongé ; ses mouvements sont hâtifs et impulsifs.

Les montagnards s'habillent simplement, leur costumes ne comportent aucune décoration : robe en laine, chapka caracul noir, tunique en satin et bottes de cuir. Les paysans portent **бурчул усру**, une sorte de simples chaussons en cuir. Les Laks sont propres, bien que les sous-vêtements ne soient pas souvent changés. Une ou deux fois par mois toute la vêture et même les biens sont accrochés dehors pour prendre l'air. Les villages et les maisons des Laks ne se différencient pratiquement en rien de ceux des autres peuples du

Daghestan, ni extérieurement ni intérieurement. Les maisons sont bâties pour essentiel avec des pierres, montées sans aucun enduit. Depuis la nuit des temps, les maisons des aouls en montagnes sont construites à l'identique ; l'assemblage de ces édifices sur un rocher ressemble à un groupement de nids d'hirondelles. Dans tous les aouls daghestanais et notamment chez les Laks, les maisons sont érigées avec un étage, destiné à l'habitation ; le bétail occupe l'étable au rez-de-chaussée. Sur les pentes, souvent très raides, à peine discernables, serpentent les sentiers étroits menant au village ; par endroit, quelques marches montantes sont sculptées dans le roc. Ces sentiers périlleux ne sont praticables qu'à pied et souvent avec grande précaution. Les villages sont distants d'une demi-heure de marche, à travers des gorges sombres, ravins profonds et cols élevés sur les crêtes des montagnes. Tantôt suspendus par-dessus des précipices, tantôt longeant des ruisseaux impétueux, près desquels se nichent des moulins lilliputiens, presque invisibles.

Souvent, plusieurs familles laks habitent une seule maison. Même chez les ménages plus à l'aise, l'espace habitable ne dépasse jamais deux pièces, et plus souvent une seule. Leur confort était toujours assez rudimentaire : dans les murs en pierres nues quelques niches sont aménagées, où on dépose les ustensiles en terre cuite. Le tout est éclairé par la lumière incertaine d'un vieux lampadaire, **чирахъ**. Cet environnement était commun pour la majorité des villages de montagnes du Daghestan ; aujourd'hui cela ne reste vrai que pour les plus éloignés et les plus pauvres. Les Laks vont chercher fortune en Russie et s'imprègnent plus en plus des notions du confort européen et commencent à aménager leurs maisons en conséquence.

Les moeurs des Laks ne se différencient pas beaucoup de celles des peuples voisins. Mais il faut noter que, en tant que peuple le plus patriarcal parmi ses pairs, les Laks sont parvenus à un degré élevé de développement politique et social. A l'instar des grecs antiques, avec une comparaison proportionnelle à leur nombre, ils ont aussi bien survécu à la république démocratique, au vicariat arabe, au pouvoir autocratique des khans aux prétentions républicaines, et à la tyrannie ; maintenant ils forment une paisible population de la circonscription du Daghestan. Toutefois les Laks, pré- ou post- islamiques, jusqu'à nos jours privilégient leurs propres **аьдат**, coutumes séculières, et même la loi intransigeante de la Charia n'a jamais réussi à asservir ce peuple totalement libéré des superstitions.

Bien que chez les Laks il ne reste plus aucune trace du paganisme ou d'une autre religion, ils préservent les coutumes particulières de tradition ancienne. Lorsque tous les peuples de l'Orient ont commencé à enfermer leur femmes entre quatre murs, les montagnardes laks demeuraient libres et ne cédaient en rien à leurs hommes.

En plus de trois fêtes musulmanes (Kurban, Ramazan-Bayrami et Mawlid), les Laks fêtent solennellement le printemps, l'automne et la fin de moisson du blé et des foins. Au premier jour du printemps, le vieil homme le plus respecté et honoré trace le premier sillon sur le champ, et tout le monde commence à labourer.

Chaque foyer pétrit des pains particuliers, en forme de tête d'animal avec cornes et oreilles, **барта**, aux yeux en dattes, et les compare avec fierté à ceux des autres. Les enfants pétrissent les boules en argile, **тIурши**, que l'on lance à l'aide des frondes nommées **урум**. Ce sont des longs rubans tissés en fils de laine, larges d'un doigt ; au centre, le ruban s'élargit pour former une cavité large de trois doigts et long de quatre. On loge dans cette cavité les boules munies de tiges d'herbes, que l'on allume. Prenant le ruban par les deux extrémités, le garçon le tourne longtemps au-dessus de sa tête, en décrivant les cercles ; enfin, il lâche une extrémité et son **тIурши** déjà sec s'envole au loin avec un sifflement strident. Malheur à celui qui sera atteint par cette sorte de balle d'argile ! Après l'arrivé des crépuscules, les salves se démultiplient, on tire des tous les toits, cette coutume est maintenue encore de nos jours.[22] En automne, les festivités sont moins spectaculaires mais plus gastronomiques ; on mange et on boit. La fête de la moisson se prépare à tour de rôles par quartier, autrement dit par mosquée, du village. Le quartier sur lequel revient la préparation annuelle, commande à chaque foyer un nombre de pains déterminé et une quantité de **буза** (bière traditionnelle caucasienne, brassée à partir de malt d'orge et de pain). On boit ***buza*** dans les cornes de vache (cul sec à cause de leur forme ; on tient à la main les coupes pleines, et une fois vidées, on les raccroche à la ceinture ou sur un clou !)

On loue une cour ou une grande maison, où se réunit toute la population du village, petits et grands. On égorge quelques moutons pour les cuire à l'eau sur place et les consommer aussitôt. Après être rassasiés et désaltérés, les villageois rentrent chez eux, alors que les restes du festin sont déposés dans les maisons des plus pauvres.

Une partie des traditions populaires se rapporte à l'antiquité pré-islamique, une autre est plus tardive. Par exemple, le lundi est considéré comme meilleur jour pour partir en voyage. On ne peut s'en aller un vendredi avant que l'office public à la mosquée ne se termine.

A l'heure du départ, si un mauvais homme traverse la route, le voyage portera malheur ; c'est pourquoi le voyageur reste encore quelque temps à la maison.

---

22 Al Coran, sourate 105, ***Eléphant*** : dans l'ayate 4 : « ils lui jetaient les pierres de l'argile cuite » Les balles d'argile des enfants laks et les projectiles utilisés contre les éléphants de campagne de Abraha al-Ashram al-Habashi, vice-roi éthiopien chrétien, qui marchait vers la Mecque, selon les sources, vers 570, semblent provenir de la même époque.

L'homme qui jette ses ongles coupés n'importe où, réduit son espérance de vie au paradis.

Si l'homme éternue une fois, c'est le signe qu'il faut attendre avec le début d'une affaire ; s'il éternue deux fois, au contraire tout se terminera bien, avec l'aide de Dieu. L'essentiel est de prononcer à chaque éternuement **алхьамдулилагь** – gloire à Dieu.

En observant la pleine lune, on s'efforce de poser ensuite son regard sur un homme heureux et bon, à travers une paire de ciseaux que l'on tient dans les mains.

L'appellation d'un nouveau-né se produit le septième jour, en présence du mollah et des invités. On prépare une vaste collation, surtout à la naissance d'un fils. On porte le bébé ; le mollah le prend dans les bras tendus et lit une longue prière, face à la Mecque. Ensuite il prononce à très haute voix dans les oreilles du bébé le nom que le père lui a donné ; tout en mettant dans sa bouche un petit bout de datte mâchée. A partir de ce moment, la famille offre des cadeaux au nouveau-né.

Tombe de Tchalla Baza, ancien cimetière de Khosrekh, 1968. Archive

Les coutumes funéraires sont assez simples. Après la mort d'un homme, tous les présents au village hâtent de se rendre au cimetière. On y amène également les ustensiles pour creuser la tombe. Les jeunes préparent le caveau très rapidement, les vieux partent pour chercher le corps. Après l'avoir enrobé dans un linceul blanc, on pose le défunt, couvert d'une cape en feutre (**бурка**), sur une échelle horizontale. Les porteurs se précipitent avec la dépouille au cimetière où, après une courte prière récitée par quarante vieillards, on la descend vivement dans l'excavation. En un instant, un monticule de terre se forme au-dessus, et bien plus tard, une pierre tombale sera posée.

Le peuple explique l'urgence de cette cérémonie d'enterrement ainsi : l'homme est constitué de l'âme et du corps ; dès que l'âme s'est envolée, le corps doit revenir vers son état primordial, à la terre.

Tout de suite après l'inhumation, tous les présents s'asseyent pour suivre attentivement la lecture coranique sur les livres que l'on distribue sur place. Ces livres sont apportés de la mosquée dont le défunt était fidèle. Après la fin de la récitation, on distribue de l'argent au-dessus de la tombe. Durant les quarante jours qui suivent, les hommes proches du mort ne portent point de capes de feutres et les femmes revêtent les habits du deuil. Leurs amis les invitent pour leur offrir les repas. En outre, vers midi tous les habitants du village se rendent à la tombe pour prier. Cette coutume est respectée même à l'étranger.

Autant simples sont les rites funéraires, autant sont complexes les coutumes nuptiales des Laks. Les négociations du mariage peuvent durer des mois et des années. Mais une fois les familles enfin d'accord, on récite **маккутIа**, formule brève de la prière. La famille de la fiancée prépare une collation aux messagers d'honneur, qui apportent des riches présents.

Quelques jours après, accompagné de deux vénérables anciens, arrive le mollah qui accomplit **Махар**, la noce. En présence des deux témoins, les nouveaux mariés prononcent leur accord mutuel dont l'inscription au livre du juge-kadi de village sera portée, après être sacrée par la prière du mollah. Dès cet instant l'homme, s'il le désire, en plein droit peut conduire sa promise chez lui. Mais en réalité, personne ne le fait, et on attend toujours le mariage, fort onéreux pour le fiancé.

Après la noce, les amies de la jeune fiancée se réunissent chez elle pour préparer d'un effort commun une robe richement ornée. Cela dure généralement trois ou quatre jours. Tous les soirs, le fiancé se rend à la maison de la fiancée avec ses amis pour y passer une soirée de liesse, dansant jusqu'à l'aube.

Le quatrième ou cinquième jour, il invite toutes ses connaissances, vieux ou jeunes. Les jeunes se réunissent dès le matin et demeurent trois jours ensemble. Les vieux apparaissent uniquement au moment de l'apparition de la fiancée. Pendant la liesse de ses hôtes, la fiancée se prépare pour l'expédition. Quelques femmes et hommes partent chez le fiancé et organisent une alcôve. Vers cinq ou six heures du soir, le fiancé choisi entre dix et quinze femmes et autant d'hommes, tous bien habillés, pour chercher la fiancée. Après les avoir régalés de sucreries et de cadeaux, la famille expédie avec eux la fiancée. Son visage est totalement voilée par une gaze spécialement brodée et un châle. Quelque femmes la soutiennent sous les bras. Devant cette procession, courent et crient les garçons avec des torches allumées, et tout en amont, on porte la dot. De temps à autre la procession s'arrête pour danser sur les places du village qu'elle traverse. *Zunnav* et *datchu* bourdonnent et pulsent en continu. Voilà la fiancée chez le fiancé, elle est introduite dans la chambre à coucher. La femme qui l'accompagne, l'instruit sur ce qui se produira la nuit. Vers neuf heures, chez **навруз-бек**, c'est ainsi que l'on nomme le jeune marié, en négligé arrive un clown qui mime une conversation. Tout le monde lui donne des coups pour qu'il se remette à parler, mais il observe le silence jusqu'à ce que les jeunes gens parviennent à le faire rire. Alors une fois le clown parle, à cet instant même tous se lèvent et conduisent le fiancé dans la chambre à coucher. La vieille femme qui accompagnait la fiancée, se retire. Les jeunes mariés restent seuls. Pourtant les hôtes bien qu'épuisés, ne partent guère, la fête continuera jusqu'au matin lorsque une équipe fraîche de fêtards viendra les remplacer. A l'aube, le mari sort de la chambre à coucher et transmet à l'un de ses amis le petit foulard *cum testimonio castitatis* de sa fiancée. Celui-ci en informe tous le monde. Dès ce jour, les réjouissances se prolongent pendant une semaine.

Le septième jour on n'invite que des parrains, les familles et les amis proches, qui offrent les cadeaux ; la jeune femme à son tour offre à tous les pièces en soie ou brodées. Ainsi se termine le mariage.

Les années passent ; héritiers et héritières apparaissent. L'homme est entièrement absorbé par son travail, qui procure les moyens de subsistance à la famille ; la femme consacre sa vie au foyer et élève les enfants. Les montagnards peuvent à juste titre se vanter de l'éducation exemplaire et spartiate de leurs enfants. Père et mère ne les battent jamais, leur seul regard suffit pour les dompter.[23]

23 D'après le récit d'Abdulla Omarov, *Peuples du Caucase*, 1905.

Villages laks célèbres pour leur artisanat traditionnel

nom du village	*spécialisation*
Kumukh, Ubra	dinanderie
Ubra	taille de pierre
Kumukh	orfèvrerie
Balkhar	poterie
Kumukh, Balkhar	broderie d'or et argent
Untchukatl	sellerie
Shovkra	cordonnerie
Kaya	négoce
Kuma	pâtisserie
Tsovkra	funambules et acrobates

Tsovkra I, années 1960 (archive de A. G. Bulatova)

Jeux

Арчимай (3) est le nom lak du *dé* de la phalange moyenne de mouton ou de chèvre (**бабки** en russe) ; utilisées en nombre dans un jeu très ancien nommé **альчики**, répandu sous diverses formes parmi les peuples du Caucase et de l'Asie centrale. Chaque *dé jeté* **арчимай бутан** retombe sur une des quatre ou six côtés possibles ; la hiérarchie de leur position détermine le meilleur joueur qui gagnera les dés.

Conseil du village

La place centrale du village, en lak **ккурчIа** (3), lieu des réunions populaires, se nomme **годекан** dans le Tout-Caucase, et aussi **овчар** en russe.

Il y avait une tradition également de se reposer sur *godekan*, ce qui avait pour réputation de « polir les pierres qui le composent ». Au Moyen Âge, l'exécutif du village était composé de **хъунисса**, conseil des anciens, autrement dit **марцI арамтал** (littéralement *honnêtes hommes*). En faisaient partie **кьади** juge, **мангъуш** (1) *annonceur,* **чавш** (1) *chef des gardes,* quelques **мюхчи** *gardiens* et **ялурзу** *surveillant, huissier.*

Вацилу, mont sacré des Laks, près de Kumukh (photo de Kamil)

Вацилу *Watsilu*, dans la mythologie lak et ossète (*Uacilu*) était le nom d'une divinité protectrice contre la sécheresse. Pendant le solstice d'été, hommes, femmes et enfants gravissent ce mont sacré pour contempler le majestueux panorama qui s'ouvre à son sommet. On dit que les méchants ne peuvent passer à travers les deux rocs approchés en haut de cette montagne, tandis que le passage rituel par cet interstice étroit délie la fécondité féminine et enlève les péchés. Selon la légende, le nart **Бархху** *Barkhu*, amoureux de la fée **Пери** Peri, creusa à sa demande une énorme fosse pour y verser de l'eau qui deviendra la mer : le mont Watsilu résulte de cette excavation.

Dans la mesure du possible, nous indiquons la classe du nom entre parenthèse : (3) etc. La terminaison longue des adjectifs, **-cca**, est séparé par un tiret pour des raisons de clarté. Ce tiret ne s'écrit pas. Les verbes sujets à la marque de classe ne sont, en général, donnés que sous une forme. Le lecteur se reportera à la grammaire pour le modifier comme il convient selon la classe.

Lexique français-lak

A

abeille	**най**
abricot	**ахъвазан**
abricots secs	**бурувсса** (3) / **кураг** (3)
accompagner	**архIал б̱ачин**
accord	**кьутIи** (4)
accord (d’)	**рязину / кьамулну**
acheter	**ласун / машан ласун**
acier	**чаннан** (4)
addition (*restaurant*)	**хIисав** (4)
adresse	**адрес**
adulte	**хъуна-сса**
agneau	**чIи**
agriculteur	**хъудугьу** (1)
agriculture	**хъу дугьаву**
aide	**кумаг** (3)
aigle	**барзу**
aiguille	**ххалаххи**
ail	**лаччи** (3)/ **лаччул чимус**
aile	**хъа** (4)
aimer	**ччван**
aîné	**хъунама**
air	**гьава**
allemand (*langue*)	**немец маз**
aller	**гьан / нан / лакьан / б̱ачин**
allumettes	**кирпит**
alors (*jadis*)	**нукIу**
amande	**бадан** (3)
ambassade (*bâtiment*)	**илчихана** (3)
ambassadeur	**илчи** (1)
âme	**рухI** (4)
amende	**аьчIа**
ami	**дус**
amitié	**дусшиву / дувсшиву**
amour	**ччаву** (4)
ancien	**нукIу заманнул**
âne	**ттукку** (3)

angle	**мурцIу** (3)
animal	**хIайван**
année	**шин**
appel	**оьвчаву**
appeler	**оьвчин**
appétit	**тамахI** (3)
apporter	**буцин / лавсун учIан**
apprendre	**лахьхьин**
après	**махъ** (*postposition*)
après-demain	**сарану**
araignée	**ххялцу** (4)
arbre	**мурхь** (4)
argent (*métal*)	**арцу** (4)
arme	**ярагъ** (3)
armée	**аьрал / аьскар** (3)
arriver	**диян** (**дирну 2**, 4)
	увкIун икIан
assemblée	**мажлис** (3)
asseoir (s')	**щя-бикIан**
assez	**мадара / диялну**
assiette	**бушкъап** (*pers.*) / **тарелка**
assoiffé	**мякь-сса**
attaque	**гьужум** (3)
atteindre	**диян**
attendre	**ялугьлан**
attention !	**личIлулну / личIлулну икIу**
aubergine	**баклажан** (3)
aujourd'hui	**хIакьину**
auparavant	**хьхьичI**
aussi	**мукунма / мукуна**
aussitôt	**цакуну**
automne	**ссут** (4)
autre	**цама**
autour	**лагма** (*postposition + génitif*)
avant (en)	**хьхьичунмай / хьхьичI**
avant-hier	**цархьхьу**
aveugle (*nom*)	**мурчIу**
avoine	**нехъа** (3)
avoir (*verbe*)	**бикIан / дикIан**

B

bagages	**гьиву**
baiser (*nom*)	**ппай** (3)
balai	**чIатлу / цIуши** (3)
bambou	**бамбук** (3)
barbe	**чIири** (3)
bateau	**жами**
battre	**аттан**
beau	**ххуй-сса**
beaucoup	**чIяву-сса**
bénédiction	**барачатшиву** (4)
betterave	**чIикIунтIа**
beurre	**оьлил нагь / лагаву**
bien	**хъинну**
blanc	**кIяла-сса**
blé	**къама** (3) / **лачIа** (3)
blesser	**ищун ан**
blessure	**щаву** (4)
bœuf	**ниц**
boire	**хIачIан / хIарчIун**
bois (*matériau*)	**тIама**
boisson (*alcoolisée*)	**хIан**
boiteux	**аьркку**
bon	**хъин / ххуй-сса**
bon au goût	**тIааьнну**
bon marché	**кьювкьу-сса**
bonheur	**арши / бахт** (3) / **барачат** (3)
bouche	**кьацI** (3)
bouillir	**щаран**
boulanger	**ччатIшахьу**
bouleau	**кIялагьи** (3)
bouteille	**шуша** (4)
bouteille de vin	**чахирданул шуша**
boutique	**ттучан** (3)
bouton (*vêtement*)	**банд / цIун** (4)
branche	**къяртта**
brebis	**тта** (3)
brique	**калпуш** (3)
brochettes (*viande*)	**кавав** (4)

brun	**оьру-сса**
brûler	**ччурччин**
buffle	**гамуш** (3)
buis	**щенщит** (3)
but (*objectif*)	**мурад** (3)

C

cadavre	**жаназа / нурчIи** (4)
capitale (*ville*)	**хъун шагьру**
carotte	**къур** (3)
casser	**гъагъан**
cause	**савав** (4)
(à cause de)	**саважну**, *postposition*
ceinture	**мухIлу** (4)
célibataire (*homme*)	**щар къадурцу-сса**
celui-là	**му**
cendre	**лах**
cent	**ттурша**
cerise	**бяъли** (3)
cerveau	**ня** (4)
chaîne	**шинзир**
chaise	**кIану**
chaleur	**кIиришиву**
chameau	**варани** (3)
champ	**хъу** (4)
champignon	**ттуккул нис**
chant	**балай / шамма**
chanter	**балай тIун**
chanteur / chanteuse	**балайтIала**
chapeau	**кьяпа** (3)
chaque	**гьар / гьарца**
charbon	**хъуручI**
charbon de bois	**кIалаш** (gén. **кIулщул**)
charrue	**кутан** (4)
chasse	**ав** (3)
chasseur	**авчи** (1)
chat	**ччиту** (3)
chaud	**кIири-сса**
(il fait chaud)	**кIиришиву дур**

chauffeur **шофёр**
chaussette **жулар** (4)
chaussure **ус** (pl. **усру**)
chaux **кираж** (3)
chef **бакIчи** (1)
chemin **ххуллу** (3) **/ аьрххи**
chemin de fer **муххал ххуллу**
chemise **гьухъа** (3)
chêne **пялут** (3)
cher (*tous sens*) **ххира-сса**
chercher **луглан**
chéri **язи-сса**
cheval **чу** (3) (pluriel **дучри**) / **чву** (3)
cheveu **чIара** (4)
chèvre **цIуку** (3)
chevreau **чIаку** (3) / **гада** (3)
chien **ккаччи** (3)
choisir **язи бугьан**
choix **бувчIаву** (4)
chou **калан** (3)
chute d'eau **жюружан(и)** (4)
cigarette **пIапIирус** (4)
ciel **ссав** (4)
cimetière **хIатталу** (4)
cinq (5) **ххю**
ciseaux **хIисилу**
clan **тухум** (3)
clé **кIула** (4)
clou **мяр**
cœur **къюкI / дакI** (4)
col (*montagne*) **дяликIу** (4)
colle **сина**
colline **бакIу**
combattre **талан**
combien ? **цими? / цик-сса? / цуксса?**
combustible **ччуччия** (4)
comme (*comparaison*) **куна / кунма**
comment ? **цукун?**
commencer **дайдишин**

commerçant (*métier*)	**машачи**
comprendre	**бувчIин**
concombre	**нисварти** (3)
confiance	**вихшала**
confrérie soufie	**тIарикьат** (4)
connaître	**кIулну бикIан**
connaître (*quelqu'un*)	**бувчIин**
conseil	**маслихIат**
confiture	**мурappa** (4)
conserver	**ябан / ядан / шалан**
construire	**дан**
contrat	**кьутIи** (4)
conversation	**гъалгъа / ихтилат**
coq	**ажари** (3) (pl. **ажартту**)
cordonnier	**уссал усттар / пиначи** (1)
corne	**хъи / кьуру**
corps	**кьаркьала** (4)
coton	**памма**
côté	**чул / тарап** (4) / **чулухалу** (4)
côté droit	**урчIа чул**
cou	**ссурссу** (4)
coucher (se)	**утту бишин**
coude	**ссюрхъ**
coudre	**буруххан**
couler (*eau* etc.)	**цIалан**
couleur	**ранг** (4)
coupé	**гъаргъ**
couper	**кьукьлан**
courir	**лихъан**
court	**къантIа-сса / кутIа-сса**
couteau	**чIила**
couverture (*lit*)	**виргъан**
couvrir	**дакьин**
craindre	**вас тIун**
crème	**къаймагъ** (4) / **барт** (4)
croix	**ххач** (3)
cueillir	**батIин**
cuillère	**къуса**
cuisine (*local*)	**цIурихьу** (3)

cuisinier	**дукрадуву** (1)
cuisse	**жира** (3)
cuivre	**дувсси** (3)

D

Daghestan	**Дагъусттан**
danger	**нигьачIаву** (4)
dangereux	**нигьду-сса**
danse	**къавтIаву**
danser	**къавтIун**
danseur	**къавтIала** (1)
début	**дайдихьу**
décision	**пикри даву / пурман** (3)
défense	**буруччаву / ябаву**
déjeuner (petit)	**кIюрххилсса**
déjeuner (*nom*)	**ахттайн-сса**
déjeuner (*verbe*)	**кIюрххилсса канан**
demain	**гьунттий**
demande	**миннат** (3)
demander	**цIуххин / миннат буллан**
démolir	**гъагъан**
dent	**ккарччи** (4)
dentiste	**ккарччал хIакин**
dépenses	**харж** (3)
déranger	**ахчин**
dernier	**махъа-махъ-сса**
derrière (*adv.*)	**махъун**
désir	**мурад** (*mot arabe*) **/ шавкь** (4)
désirer	**ччан**
dessin	**сурат**
deuil	**дягъу** (4)
deux (2)	**кIи**
développement	**хьхьинчунмай шаву** (3)
devenir	**хьун (хъанан)**
devoir (*nom*)	**бурж**
diable	**илвис** (3)
dictionnaire	**словарь / мукъузан**
Dieu	Зал (gén. **Заннал**) (1)
difficile	**захIмат-сса**

difficulté	**захIмат** (3)
dimanche	**алхIат**
diminuer	**чансса бан**
dinde	**оьрус аьнакIи**
dîner (*nom*)	**гьанттайнсса** (4)
dire	**учин (тIун) / бусан**
direction (*entreprise*)	**каялушиву** (4)
diriger	**бакIчи дуллан**
discours	**гъалгъа**
dix (10)	**ацI**
docteur	**хIакин** (*mot arabe* : ***hakim***)
doigt	**кIисса**
donner	**булун**
dormir	**шанан**
dos	**ттиликI** (4)
douleur	**къюву** (4)
doux	**кIукIлу-сса**
drap de lit	**шанул пута**
drapeau	**ттугъ / байрахъ**
droit (*côté*)	**урчIа / урчIвах-сса**
droit (tout)	**тIайлана**
dur	**кьянкьа-сса**
durée	**мутта** (3)

E

eau	**щин** (4)
école	**школа**
écouter	**вичIи дишин**
écrire	**чичин**
écrivain	**чичу** (1)
écurie	**ппал** (3)
éduquer	**вардиш бан**
élections	**бувчIаву** (4)
emporter	**лавсун гьан**
encore	**ялагу**
enfant	**оьрчI**
enfuir (s')	**лихъан**
ennuyeux	**бизар-сса**
enseigner	**дуккин ан**

ensemble	**цачIу / архIал**
entendre	**баян**
entre	**дянив**
entrée	**буххай кIану**
entrer	**буххан**
épaule	**хъа**
époux	**лас** (1)
erreur	**гъалатI**
escalier	**чуртту**
espoir	**хьул** (3)
Est	**баргъбуккай чулухалу**
estomac	**цIуму / лякьа** (4)
étable	**ппал** (3)
étage	**мартаба / зиву**
étain	**къалай** (4)
étang	**бяр**
été	**гъи** (4)
éteindre	**леща лекьа дан**
être (*verbe*)	**ур** (**бур**, **дур**) / **икIан** (**бикIан, дикIан**)
étoile	**цIуку** (3) (pl. **цIуртти**)
étonnant	**махIаттал-сса**
étude	**дуккаву** (4)
étudier	**дуклай икIан**
exclure	**буккан бан**
excuser	**багъишла ан**
expliquer	**бувчIин бан**

F

facile	**бигьа-сса**
faible	**заэв-сса**
faim	**ккаши**
faire	**бан** (**бувну** III) / **дан**
famille	**кулпат** (3)
farine	**иникIма** (4)
fatigué	**сакъат-сса / увхра**
fatiguée	**дурхра**
fatigués	**бувхру**
(être fatigué	**увххун икIан)**

faucille	**мухI** (3)
faucon	**лачин** (3)
faux (*adjectif*)	**янгъил-сса**
femme	**щар / щарсса** (2)
fenêtre	**чIавахьулу** (3)
fer	**мах** (4) (*génitif* : **муххал**)
fer à repasser	**щвабукку** (*mot turc*) / **мангъал / уту**
fermé	**лавкьу-сса**
fermer	**лакьин**
(être fermé	**лавкьуну бикIан)**
fête	**байран**
feu	**цIу / чани**
feuille (d'arbre)	**чIапIи** (3)
feuille (de papier)	**чIапIи** (4)
fierté	**ххаллилшиву**
figue	**инжир** (3)
fil à coudre	**ххал** (4)
fil de fer	**мууххал кIуну**
fille (jeune)	**душ** (3)
fils	**арс**
fin	**ахир** (4)
fini	**къуртал-сса**
finir	**къуртал б̲ан**
fleur	**тIутIи**
foie	**ттиликI** (4)
fois	**цал**
fond	**чIан**
force	**гъуж**
forêt	**вацIа** (3)
forteresse	**къала** (3) (*mot arabe*)
foudre	**паранну** (4)
four	**пач** (3)
fourchette	**гьиссилу**
fourmi	**метIикьукьу** (4)
fraise	**кьюнукьи**
français	**француз / паланг**
frapper	**рищун / ришлан**
frère	**уссу** (1)

frisson (*fièvre*)	**зурзу** (3)
froid	**дяркъу-сса**
(il fait froid)	**дяркъу дур**
fromage	**нис** (4)
frontière	**дазу** (4)
fruit	**ахъулсса** (4)
fumée	**пуркIу** (3)
fumer	**къалиян тIун**
fumier	**пара** (3)
funérailles	**гьав** (4)

G

garçon	**оьрчI**
garde	**къарал** (3)
garder	**ябуллан / буруччин**
gardien	**къаралчи** (1)
gauche (*côté*)	**куя**
à gauche	**куях**
général (*adjectif*)	**аьм-сса**
genou	**ник** (4)
géorgien	**гуржи**
glace (*froid*)	**микI**
gorge (*anatomie*)	**кьакьари** (3)
goût	**тIин** (3) / **тIааьн** (3)
goutte	**кIунтI** (3)
gouvernement	**паччахIлугъ** (4) / **хIукумат**
graisse	**аьгъушиву**
grand	**хъун / хъунма-сса / гьаз-сса**
grand-père	**ттатта**
grandir	**лябуккан**
gras	**аьгъу-сса**
gratuitement	**уква**
gratuit	**уква-сса**
grenade (*fruit*)	**сунув** (4)
grenouille	**оьрватIи**
griller	**цIарайх б̲ан**
guerre	**дяъви**

H

habitude	**аьдат** (4)
habituer (s’)	**аьдат хьун**
hache	**рикI** (4)
halva (*sucrerie*)	**бакъухъ** (3)
haricot	**хъюру** (3)
haut	**бюхттул-сса / гьаз-сса / лахъ**
herbe	**уртту** (4)
héros	**виричу** (pl. **вирттал**)
hésitation	**мугьлат**
heure	**ссят** (*mot arabe*)
heureux	**ххари**
hier	**лахьхьу**
hier soir	**лахьхьукьунну**
hirondelle	**читIу** (3)
histoire	**тарих** (3)
hiver	**кIи** (4)
homme	**чув / инсан** (pl. **инсантал**)
hôpital	**азархана** (3)
horloger	**ссяткар** (*mot arabo-persan*)
hors d’œuvre	**дукия**
hôtel	**патир (3)**
huile	**нагь** (4)
huit (8)	**мяйва**
humanité	**махлукьат** (3)
humeur (*état d’esprit*)	**тав** (3)

I

ici	**шикку**
il	**га / му**
île	**жазира** (*mot arabe*)
impatience	**матта** (3)
impôt	**дишала** (4)
inclure	**хIала бакьин**
indépendance	**чинхъарбакъашиву** (4)
information	**хавар** (3)
inhumer	**уччин**
innombrable	**ккал бан къашайсса**
insolvable	**каши дакъа-сса**

interprète	**таржумачи** (1)
intestin	**ххютту** (4)
inviter	**оьвчин**
irrigation	**щин дишаву / щин дуцаву**
ivre	**кайп-сса**

J

jamais	**тачIав**
jambe	**ччан** (3)
jardin	**ахъ / багъ**
jaune	**хъахьи-сса**
je (*nominatif*)	**на**
jeter	**рутан**
jeu	**тIуркIу**
jeudi	**хамис** (4)
jeune	**чIава-сса / жагьил-сса**
jeunesse	**жагьилшиву**
joue	**чIав** (4)
jouer	**тIуркIу тIун**
jouer (*instrument*)	**бищун**
joug	**рукI**
jour	**кьини** (4)
jour férié	**зукъази кьини**
jour (*24 heures*)	**гьантта**
journal	**кказит** (*français* gazette)
juge	**ссудия, кьади**
juger	**диван буллан**
juif	**жугьутI**
jus	**кици** (3)
jusqu'à	**хьуннин**
justice	**аьдлу** (2)

K

khan	**хан** (1)
khanat	**ханлугъ** (3)

L

là	**тикку**
lac	**бар**
laine	**ппал** (4)
laisser	**итан** (**дитан** / **битан**)
lait	**накI**
lak (*langue*)	**лакку маз**
lampe	**чирахъ** (3) (*mot persan*)
langue	**маз**
langue maternelle	**ниттил маз**
large	**утта-сса**
larme	**макь**
laver	**шюшин / диссун, биссун**
léger (*poids*)	**куклу-сса**
légumes	**къуркьая** (4) **/ ахънилсри**
lentement	**хIаллих / хIурхIа**
lentilles	**гьулув** (4)
lessive	**шюшукьюшу** (4)
lettre (*missive*)	**чагьар**
lever	**гьаз бан**
lever (se)	**гьаз хьун / бизан** (**бивзун**)
lèvre	**мурччи** (pl. **мурччив**)
libellule	**барзукка** (4)
libération	**мурахасшаву** (4)
libérer	**мурахас бан**
libre	**тархъан-сса / азат-сса**
lièvre	**бюрх** (3)
limite	**зума** (3)
lin	**турт**
liquide (*adjectif*)	**хьюму-сса**
lire	**ккалан / буккин** (**буклан**)
lit	**тах** (3) / **шанукIаралу** (4)
litière	**лурсса**
livre	**лу**
loin / lointain	**арх-сса**
long	**лахъи-сса**
loup	**барцI** (3)
lourd	**кIу-сса**
lumière	**чани**

lundi	**итни** (4)
lune	**барз** (3)
lunettes	**яру** (3)

M

magasin	**ттучан** (3)
main	**ка** (4)
maintenant	**утти / цIана**
mais	**амма**
maïs	**шагьнал лачIа** (3) (*blé royal*)
maison	**къатта** (3) (gén. **къатлул**)
Makhatchkala	**Анжи**
majorité	**чIявучил**
mal (*adverbe*)	**оьну**
malade	**къашавай-сса**
maladie	**къашайшиву / азар / цIуцIаву**
malheur	**бала** (3)
manger	**канан / дукан**
marais	**хьунцIа**
marchandise	**хъус** (4)
marcher	**занан**
mardi	**тталат** (4)
mari	**лас** (1)
mariage	**хъатIи** (3)
marié	**щар дурцу-сса**
matelas	**шану** (3)
matin	**кIюрх** (4)
mauvais	**оькки-сса / оь-сса**
médecin	**хIакин** (*mot arabe* : ***hakim***)
médicament	**дарман / дару** (3)
menace	**нигьачIаву** (4)
menthe	**сувра** (3)
mer	**хьхьири**
merci	**барчаллагь**
mercredi	**арвахI** (4)
mercure	**хьюму муси**
merde	**оьт** (4)
mère	**нину** (2)

midi	**бачIи гьантта / ахттайн чIун**
miel	**ницI** (4)
migraine	**назула** (4)
milieu	**дя** (4)
minuit	**хьхьудяризу / хъатIан**
miracle	**карамат** (4)
mirabelle	**алча**
miroir	**дагьани**
moins	**чансса**
mois	**барз** (3) (gén. **зурул**)
moisissure	**гъама** (4)
moissonner	**ттихIин**
moitié	**бачIи** (3) / **дачIи** (4)
mon / ma / mes	**ттул**
monde (*terre*)	**дуниял**
montagne	**зунтту / барзунттив**
montrer	**ккаккан бан**
morceau	**къурхъ** (4)
mordre	**кьацIа тIун**
mort (*nom*)	**бивкIу**
mort (*adjectif*)	**диркIу-сса**
mosquée	**мизит**
mot	**махъ** (3) (*gén.* **мукъул**)
mouche	**зимиз**
moudre	**гьаян / гьаен**
moulin	**гьарахъалу**
mourir	**бичIан / бивчIан (бивкIуну)**
moustaches	**ссурссилу** (4)
moustique	**мичIак**
mouton	**ку** (3)
mur	**чIира**
mûr	**бив-сса**
musique	**музыка** (3)
musicien	**музыкабищу** (1)
musulman (*nom*)	**бусурман** (1)

N

nager	**гьузун**
nageur	**гьузузала**
naître	**ан**
je suis né en	**на увссара -ну шинал**
narguileh	**къалиян**
nation	**миллат** (3)
nécessaire	**аьркин-сса**
neige	**марххала**
il a neigé	**марххала бунни**
nettoyer	**марцI буллан**
neuf (9)	**урчI**
nez	**май**
nid	**кюру**
noir	**лухьи-сса**
noix	**гьивхь**
nom	**цIа** (pl. **цIарду**)
nombre	**аьдад** (4)
non	**б̲акъар** (**акъар** / **дакъар**) / **юх** (turc)
Nord	**ухссав**
nouilles	**яхша** (3)
nourriture	**азихъ** / **дукия** / **дукра** / **за**
nous	**жу**
nouveau	**цIу-сса**
nuage	**ттурлу**
nuit	**хьхьу**

O

obéissant	**мютIий-сса**
obscur	**цIан-сса**
obscurité	**цIан** (4)
occupé	**машгъул-сса** (*mot arabe*)
odeur	**кьанкь** (4)
œil	**я** (pl. **яру**)
œuf	**ккунук** (3)
oie	**къваз** / **къаз** (3)
oignon	**чимус** (3)
oiseau	**лелуххи** (3)

olive	**зайтун** (3)
huile d’olive	**зайтундалул аьгъушиву**
omelette	**ххайжани** (3)
ongle	**михь**
ONU	**ЦачIунхьу Миллатирттал Организация**
onze	**ацIния цая**
or (*métal*)	**муси** (4)
orange	**пIуртIихал** (4)
ordinateur	**компютер**
ordonner	**амру бан**
ordre	**амру** (3)
oreille	**вичIи** (4)
oreiller	**кIаралу** (3)
orge	**хъа / нехъащу** (3)
orgueil	**ххвара** (3)
origine	**бикI** (3)
orphelin	**ятин** (1) / **хьюлуоьрчI** (3)
ortie	**мечI** (3)
os	**ттаркI** (4)
oseille	**кьурчI** (3)
ou	**ягу / я / ява**
où ? (*avec mvt.*)	**чун?**
oublier	**хъама битан**
Ouest	**баргълагай чулухалу**
oui	**ди**
ours	**цуша**
ouvert	**тIивтIунма-сса**
ouvrier	**зузала** (1)
ouvrière	**зузищарсса** (2)
ouvrir	**тIитIин**

P

page (*livre*)	**чIапIи** (4)
pain	**ччатI** (3)
paix	**дакьаву** (4)
paon	**тIавус**
papier	**чагьар** (3)
paradis	**алжан**

parce que	**цанчирча**
parent	**мачча** (1 / 2 / 3)
paresse	**квярчI** (4)
paresseux	**танмал-сса**
parler	**буслан / гъалгъа тIун**
partager	**бачIин**
partie	**бутIа** (3)
partir	**яла гьан**
pastèque	**къалпуз** (3)
patrie	**ватан** (4)
pays	**улча / билаят**
paysan	**хъудугьу**
peau	**ттапкI / бурчу** (3)
péché	**гьакь** (3)
pêcher	**бугьан балугъ**
pêcheur	**чавахъбугьу** (1)
peigne	**ттарал** (4)
pensée	**пикри**
perdre (*qqch*)	**дакъа дан**
perdrix	**къахъну**
père	**ппу** (*génitif* **буттал**) / **бу** (1)
perle	**ттиркьюкьи** (4)
permettre	**булун**
personne (*négatif*)	**цучIав**
petit	**чIиви-сса**
pétrole	**навт**
peu	**чан / чанну**
peuple	**кьатI / халкь** (3)
peur	**нигь** (4) / **ццах** (3)
peut-être	**бюхъай**
pharmacie	**аптека** (*mot russe*)
pied	**ччан** (3, 4)
à pied	**ахьтта / бахьтта**
pierre	**чару** (3)
pigeon	**хьхьи** (3)
pince	**къяцIа** (3)
pipe à eau	**къалиян** (3)
place (*lieu*)	**кIану**
place (*ville*)	**майдан**

placer	**дишин**
plaisanterie	**хъярч** (3) / **махсара** (3)
platane	**чинар** (3)
pleurer	**аьтIун**
plomb	**чIутIи** (4)
pluie	**гъарал**
il pleut	**гъарал лачIлай дур**
il pleuvait	**гъарал лачIлай дия**
plus	**хъинну**
poche	**жип**
poële à frire	**тава** (4)
poids	**дуцин / кIушиву**
poignard	**ххаржан** (4)
poire	**хъюрт**
pois	**хъюру**
poisson	**чавахъ / балугъ** (3) / **хIава**
poivre noir	**иссиявт** (3)
poivre rouge	**мамаш** (3)
police / policier	**милиция** (3)
pomme	**гьивч** (3)
pomme de terre	**нувщи** (3)
pont	**ламу**
porc	**буркI**
porte (*à un battant*)	**нуз** (4)
porte (*deux battants*)	**нузкьун** (4)
poser	**лишин**
possibilité	**бюхъаву / мажал** (4) / **чара** (3)
possible	**бюхъай-сса**
(si possible	**бюхълай бухьурча)**
poste (*bureau*)	**пуч**
potager	**ахъ** (3)
poule	**аьнакIи**
poumon	**гьутру** (3)
pour	*voir grammaire*
pourquoi ?	**циван?**
pourrir	**лиян**
poussière	**лах** (3)
pouvoir (*verbe*)	**бюхъан**

préférer [*mettre devant*]	**хьхьичIун ласун**
premier	**цалчин-сса**
prendre	**ласун (лавсун / ларсун)**
près	**чIарав**
prêt	**хIадур**
prêtre	**кашиш** (1)
prière	**дяъват / чак** (3) / **дуаь** (4)
printemps	**инт** (4)
prison	**дуснакь** (3)
prix	**багьа / кьимат** (3)
problème	**масъала (3)**
proche	**чIарав-сса / гъан-сса**
produire (se)	**хьуну бикIан**
profond	**куртI-сса**
promenade	**гайз** (3)
promener (se)	**гайз бан**
propre	**марцI-сса**
propreté	**марцIшиву** (4)
protéger	**къарал бан**
prune	**кякан** (3) / **алча** (3)
puce	**чIача**
puis	**яла**
puits	**къуй** (4)
punition	**танмихI** (3)

Q

quand ?	**та?**
quantité	**аьдад** (4)
quatre	**мукь**
quelqu'un	**цума-унугу**
quelque chose	**ци-дунугу**
question	**суал**
queue	**магь** (4)
qui ?	**цу?**
quoi ?	**ци?**

R

racine	**мархха** (3)
raconter	**бусан**
raisin	**лухIи тIутIи**
rapide	**анавар-сса / дири-сса**
rarement	**чанну**
rasoir (*barbe*/*couteau*)	**чIири чартIи бай чIила**
ravin	**кьакьа** (4)
récent	**ттигъанну-сса**
recevoir	**бириян**
refus	**инкар** (2)
regarder	**буруга**н
religion	**дин** (4)
renard	**цулчIа** (3)
rencontre	**хьунабакьаву** (4)
rencontrer	**хьунабакьин / ккаккан**
rentrer / revenir	**кIура баен**
repasser (linge)	**уту рищун**
répéter	**тикрал бан**
réponse	**жаваб**
repos	**дигьалагру**
représentant	**вакил** (1)
respect	**хIурмат / бусрав** (3)
respiration	**ссихI** (3)
restaurant	**аьшвашхана**
rester	**личIан**
réveiller	**чантI учин буллан / чантI учин ан**
revenir (*rentrer*)	**кIура баен/ зана бикIан**
rhume	**аьнч-кинч** (3) / **шяра**
riche	**авадан-сса**
richesse	**давлат** (3)
rien	**цичIав**
rire (*verbe*)	**хъян**
rire (*nom*)	**хъяхъаву** (4)
rivière	**нех** (4)
riz	**ппиринж** (3)
rocher	**мурлу** (3)
rond (*adjectif*)	**ккуркки-сса**

rossignol	**булбул** (*mot turc*)
rouble	**къуруш** (*mot turc*)
roue	**нигь** (4) **/ чарх** (3)
rouge	**ятIул-сса**
rougeole	**мусикъеп** (4)
route	**ххуллу** (3)
(carte routière)	**ххуллул карта**
roux	**чIяй-сса / ттуру-сса**
rue	**куча / шяра** (4)
russe	**оьрус**
Russie	**Аьрасай**

S

sable	**къун**
sac	**ххуржинт**
saison	**шинал чIун** (*temps de l'année*)
salaire	**хIакь**
sale	**мурдал-сса**
salière	**цIурккучи** (4)
salive	**хьурхь** (4) **/ чIенпи** (4)
samedi	**ххуллун**
sang	**оьтту / оь** (3)
sanglier	**къаван** (*mot russe*)
sans	**бакъа (дакъа, акъа)**
savoir	**кIулну бикIан**
savon	**ссахIван**
scie	**ххарачIани**
science	**элму** (*mot arabe*)
sec	**чулу / кьавкь-сса / къурагь-сса**
sécher	**кьавкьан / кьакьан**
sécheresse	**къурагьшиву** (4)
sel	**цIву** (3)
selle (*cheval*)	**дяликIу** (4)
semaine	**нюжмар**
sept	**арул**
sérieusement	**бунияла**
sérieux	**бунияла-сса**
serpent	**шатта** (3)
serrure	**кьункьула** (4)

service	**къуллугъ**
seulement	**анжагъ**
shashlyk	**цIарайхдикI** (4)
si (*condition*)	**агар / агана**
siècle	**ттуршра шин, оьрму / замана**
signal	**занг**
signature	**къулбас**
signer	**качични, къулбас дан**
six	**рях**
sœur	**ссу**
soie	**сими** (3)
soif	**мякь** (3)
soja	**нухутI** (4)
soldat	**саллатI, аьскар**
soleil	**баргъ** (3)
coucher de soleil	**баргъ лагаву**
solvabilité	**каши** (4)
sombre	**цIан-сса**
sommeil	**шану**
son	**чIу**
sonnerie	**занг** (4)
sortir	**буккан**
sottise	**къакру** (3)
soulever	**гьаз бан**
soupe	**накь** (4)
source	**щаращи** (3)
sourcil	**иттацIани**
sourire	**пиш**
souris	**кIулу** (3)
souvent	**чIявуну**
spectacle	**тамаша** (3)
sucre	**качар**
Sud	**кьирва**
sueur	**гьухъ** (4)
suffisant	**диял-сса**
suie	**кIа** (4)
suivant (*dans temps*)	**хъирив-сса**
sympathique	**яну-сса**

T

table	**усттул / стол**
tache	**ттангъа** (4)
tailleur	**дарзи**
talon	**никъа** (3)
tambour	**дачIу**
tapis	**халича**
tard	**чIалну**
tasse	**ччама**
taxe	**нирх** (3)
téléphone	**тIилипун / телефон**
témoin	**бара** (1)
temps (*époque*)	**замана** (*mot arabe*)
temps (*durée*)	**чIун**
temps (*météo*)	**гьава** (*mot arabe*)
terre	**аьрщи** (4)
tête	**бакI** (3)
tilleul	**хьхьири** (3)
timbre-poste	**пучрал марка**
tisser	**щащан**
toit	**магъи**
tombeau	**гьав**
tomber	**дагьан**
tonneau	**кьали**
tôt	**ччяни**
toujours	**даиман / мудан**
tour (*bâtiment*)	**чIюй**
tout / tous	**циняв / гьарзад**
toux	**хъугьу**
traducteur	**таржумачи** (1)
traduction	**таржума** (*mot arabe*)
traduire	**таржума <u>б</u>ан**
travail	**даву** (4) (pl. **давуртту**)
travailler	**зун / аун**
tremblement de terre	**зарзала**
très	**хъинну**
trésor	**ххазина** (3)
trois	**шан**
tromper (se)	**аьйкьин / янгъил хьун**

trou	**ккутI** (4)
troupeau	**ттурзан** (4) **/ газу** (4)
trouver	**лякъин**
tu	**ина**
tué	**диркIу-сса / бивкIу-сса**
tuer	**ивчIан**

U

un	**ца**
uni	**цачIу-сса**
unir	**цачIун бан**
unité	**цашиву** (4)
usé	**бух-сса**
utile	**аьркин-сса**
utilité	**хъинбала** (3)

V

vache	**оьл** (3)
vaincre	**лечан**
vaisselle	**тIахIникIичIу**
veau	**бярч** (3)
velours	**махмур** (3)
vendeur	**дахху** (1)
vendre	**баххан / даххан**
vendredi	**нюжмар** (4)
venir	**бучIан (учIан / дучIан)**
vent	**марч** (gén. **мурчал**) (3)
vente	**дахҳаву** (4)
ventre	**лаькьа / лякьа**
vérité	**хIакьмур**
verre (*à vitre*)	**пюрун** (3)
verser	**рутIин**
vert	**щюлли-сса**
vêtement	**янна** (4)
viande	**дикI**
vide	**бачIвасса / хав-сса**
vie	**оьрму**
vieux	**бух-сса**
vieillard	**къужа / хъунавхьучу** (1)

village	**щяравалу / щар**
ville	**шагьру** (3)
vin	**чахир** (4)
vinaigre	**ссирка** (4)
visage	**лажин**
visite	**хьунабакьаву** (4)
vite	**анаварну / дири-сса**
vitesse	**дириширу** (4)
vivant	**сагъсса**
voici	**вана**
voir	**чIалан / ккаккан**
voisine	**чIаххущар** (2)
voiture	**машина**
voix	**чIу** (3)
vol (*larcin*)	**цурк** (3)
voler (*en l'air*)	**леххан**
voler (*dérober*)	**цурк бан**
voleur	**цурку** (1)
vouloir	**ччван**
(je veux)	**ттун ччай дур**
vous	**зу**
voyage	**аьрххи** (3) / **ссапар** (3)

Khosrekh, place du village, monument aux morts et points d'eau © Dj. Chalaev

Nous avons souligné la lettre qui marque la classe d'un mot. Nous avons vu que cette lettre se trouve le plus souvent au début du mot mais elle peut aussi être placée au milieu (comme **в** ou **р**) ou exceptionnellement à la fin. Cette lettre doit être changée, selon les règles exposées ci-dessus dans la partie grammaticale, si l'on a affaire à une autre des quatre classes nominales ou à un pluriel. Autrement dit, si un mot commence par une marque de classe comme **б** ou **д**, le mot peut se trouver dans le lexique avec une autre marque de classe. Parfois même, si le lecteur ne trouve pas un mot commençant par une voyelle, celui-ci peut se trouver ailleurs dans le lexique, avec une marque de classe à l'initiale (l'absence de marque de classe est elle-même une marque de classe). Rappelons que les noms, les adjectifs et même certains adverbes sont sujets à ces changements. Dans la mesure du possible, la classe des noms est indiquée entre parenthèses.

Lexique lak-français

A

ав (3)	chasse
авчи (1)	chasseur
агар	si (*condition*)
адимина (1)	homme
азар (4)	maladie
азархана (3)	hôpital
азат-сса	libre
азихъ	nourriture
ажари	coq
аквар (3)	appel du muezzin
акъа	il n'y a pas / non
алжан	paradis
Аллагь (1)	Allah
аллагьакъу (1)	athée (*nom*)
алхIат	dimanche
алча (3)	***alytcha*** / sorte de mirabelle
амма	mais
амру (3)	ordre
амру б̲ан	ordonner
ан	naître / faire
анаварну	vite
анавар-сса	rapide
анжагъ	seulement
Анжи (Inci, *perle* en turc)	Makhatchkala
анма	mais / cependant
аптека	pharmacie
арс (1)	fils
арул	sept (7)
арула	sept personnes
арх-сса	lointain
архIал	ensemble
архIал б̲ачин	accompagner
арцу (4)	argent
аттан	battre
ахчин	déranger
арши	bonheur

атил	humide / mouillé
ахир (4)	fin
ахттайнсса	dîner (*nom*)
ахъ (3)	potager
ахънилсри	légumes
ахъулсса (4)	fruit
ахьтта	à pied
ацI	dix (10)
ацIния цая	onze (11)
ачин	aller / se diriger

Аь

аьгъу-сса	gras / fertile
аьгъушиву	graisse
аьдад (4)	quantité / nombre
аьдат (4)	tradition (*mot arabe*) / habitude
аьмсса	général (*adjectif*)
аьнакIи (3)	poule
аьнч-кинч (3)	rhume
аьрава (4)	voiture à cheval / arba
аьрал (3)	armée
аьрза (3)	demande
аьркинсса	nécessaire
аьркку	boiteux
аьрхxи (3)	voyage
аьрщи (4)	terre
аьтара (3)	torrent
аьтIун	pleurer
аьчIа (4)	amende
аьш (4)	ligne / trait
аьшвашхана	restaurant

Б

багъ (3)	jardin
багъишла ан	excuser
багъишла дан	offrir
багьа (3)	prix
бадан (3)	amande
баен	s'éclaircir

базар (3)	marché
базарган (1)	marchand
бази (3)	durée
базин	unir / réunir
базу (3)	membre (du corps)
байбишин	commencer
байсса (3)	pâturage
байран (4)	fête
байрахъ	drapeau
баклажан (3)	aubergine
бакъа	sans / sauf / à l'exception de
бакъа бан	perdre (*qqch*)
бакъухъ (3)	halva (*sucrerie*)
бакI (4)	tête
бакIу (3)	colline
бакIчи (1)	chef
бакIчи дуллан	diriger
бала (3)	malheur
балай (3)	chant
балай тIун	chanter
балайтIала	chanteur / chanteuse
бала-сса	horrible / épouvantable
балугъ (3)	poisson
бугьан балугъ	pêcher
бамбук (3)	bambou
бан (**бувну** III)	faire
банд (3)	bouton (*vêtement*)
бара (1)	témoin
барачат (3)	bonheur
барачатшиву (4)	bénédiction
баргъ (3)	soleil
баргъбуккай чулухалу	Est
баргълагай чулухалу	Ouest
барз (3)	lune / mois
барзу (3)	aigle
барзукка (4)	libellule
барзунттив	montagnes
барт (4)	crème
барцI (3)	loup

барчаллагь	merci
баттан	battre
батIин	cueillir
бахт (3)	bonheur
бацIан	être debout / être vertical
бачин	aller / se diriger
бачIва-сса	vide
бачIи (3)	moitié
бачIи гьантта	midi
бачIин	partager
баян	entendre
бивкIу (3)	tué / mort (nom)
бивкIу бакъа-сса	immortel
бивчIан (бивкIуну)	mourir
бив-сса	mûr
бигьа-сса	facile
бизан (бивзун)	se lever
бизар-сса	ennuyeux
бика (2)	femme du khan
бикI (3)	début / origine
бикIан	se trouver / avoir
билаят (3)	pays / gouvernement
бириян	recevoir
биссун	laver
(чаклин биссун	faire ses ablutions)
битан	laisser
бивчIан	mourir
бишин	poser / placer
бищун	jouer (*d'un instrument*)
бу (1)	père
бувну	fait / ayant fait (*du verbe* **бан**)
бувчIаву (4)	choix / élections
бувчIин	comprendre
бувчIин бан	faire comprendre / expliquer
бугьан	prendre / attraper / tenir
буклан	lire
буккан	sortir
буккан бан	exclure
булбул (3)	rossignol

б̲уллан	faire (*forme durative de* **б̲ан**)
бунияла	sérieusement
бунияла-сса	sérieux
б̲улун	donner / permettre
бурки (3)	gâteau
буркI	porc
бурувсса (3)	abricots secs
б̲уруган	regarder
буруккин (3)	tristesse / chagrin
б̲урухлан	coudre
буруччаву (4)	défense
бурчу (3)	peau
б̲усан	dire / raconter / communiquer
б̲услан	parler
бусрав (3)	respect
бусрав-сса	honoré / estimé
бусурман (1)	musulman (*nom*)
бусурман-сса	musulman (*adjectif*)
бутерброд	sandwich
буттал	*génitif de* **п̲п̲у**, père
бутIа (3)	partie / part
б̲ух-сса	usé / vieux
буххай кIану	entrée
б̲ухлан	entrer
б̲уцин	apporter
б̲учIан	venir / arriver
бучIир	c'est possible
бушкъап (4)	assiette
бюрх (3)	lièvre
бюхттул-сса	haut
бюхъай	peut-être
бюхъай-сса	possible
бюхъан	pouvoir (*verbe*)
бяр (3)	étang
бярч (3)	veau
бяъли (3)	cerise

В

ва	ce… ci / ce… là / il / elle
вавшав	au secours !
вакил (1)	représentant
вакиллама (4)	plein pouvoir / mandat / procuration
ваксса-таксса	parfois
варани (3)	chameau
вардиш <u>б</u>ан	éduquer
вардиш-сса	éduqué / habitué
варси	manteau de feutre
вас (3)	peur
вас тIун	craindre
вацIа (3)	forêt
вацIлул дунгъуз	sanglier
ви	te (*cas oblique de* **ина**)
вив	à l'intérieur
вивваллил иширтталсса байсса министерство	Ministère de l'Intérieur
вивра (3)	*sorte de gateau au miel*
вийх	à partir de l'intérieur
вил	*génitif de* **ина** : ton / ta / tes
виргъан (4)	couverture
виричу (pl. **вирттал**)	héros
вихшала	confiance
вихьхьун	à toi (*datif de*)
вичIи (4)	oreille
вяркъу (3)	pie (*oiseau*)

Г

гада (3)	chevreau
газу (4)	troupeau
гайз (3)	promenade
гайз бан	se promener
гамуш (3)	buffle
гикку	là
гуж (3)	force / puissance
гуржи	géorgien
Гуржисстан	Géorgie
гур-сса	bruyant

Гъ

гъавгъ-сса	abattu / coupé
гъавгъсса мурхь	arbre abattu
гъавлавг-сса	sombre / couvert (*temps*)
гъагъан	casser / démolir
гъазават (3)	guerre sainte
гъази (1)	combattant de la foi
гъалатI (3)	erreur
гъалатI-сса	faux / erroné
гъалгъа (3)	conversation / discours
гъалгъа тIун	parler
гъама (4)	moisissure
гъан-сса	proche (*adj.*)
гъарал (3)	pluie
гъаргъ-сса	coupé (*adjectif*)
гъасу (3)	vent du Nord
гъи (4)	été
гъуж (3)	force / puissance

Гь

гьав (4)	tombeau / funérailles
гьав (3)	vent froid / instant présent
гьава (3)	air
гьаз <u>б</u>ан	soulever / élever
гьаз-сса	haut
гьаен	moudre
гьаксса	certes / bien sûr / très
гьакь (3)	péché
гьалмахчу (1)	camarade / compagnon
гьалмахщар (2)	fiancée
гьан (ла<u>в</u>гун)	aller
гьанна	semence / espèce
гьантта	jour (*24 heures*)
гьанттайнсса (4)	dîner (*nom*)
гьар / гьарца	chaque
гьарахъалу (4)	moulin
гьаржа (3)	malle / valise
гьарзад	tout
гьари	assez ! / cela suffit

гьашину	cette année
гьивхь (4)	noix
гьивч (3)	pomme
гьиссилу	fourchette
гьужум (3)	attaque
гьузун	nager
гьулув (4)	lentilles
гьулув накь	soupe aux lentilles (*plat national*)
гьунар (3)	capacité / talent
гьунт (4)	le lendemain
гьунттий	demain
гьутру (3)	poumon
гьухъ (4)	sueur
гьухъа (3)	chemise

Д

давлат	richesse
даву (4)	travail
дагьан	tomber
дагьани (4)	miroir
даен	s'éclaircir
дазга (4)	établi
дазгахI (4)	joie
дазу (4)	frontière
даиман	toujours
дайдихьу	début
дайдишин	commencer
дакъа дан	perdre (qqch)
дакьаву (4)	paix
дакьикьа (4)	minute (*temps*)
дакьин	couvrir / mettre au-dessus
дакI (4)	cœur
дан (<u>б</u>уллан)	faire / accomplir / construire
даража (3)	degré / niveau
дарзи	tailleur
дарман / дару	médicament
даххан	vendre
дахху (1)	vendeur
дачIи	moitié

дачIу (3)	mesure de grains (16 kg, **пудъ**)
ди	oui
диван (3)	tribunal
диван буллан	juger
дигьалагру (4)	repos
дикI (4)	viande
дикIан	avoir
дин (4)	religion
дири-сса	rapide
диркIу-сса	mort / tué
диссун	laver
дитан	laisser
дишала (4)	impôt
дишин	mettre / poser
диялну	assez
диялсса	suffisant
диян (**дирну** II, IV)	arriver / atteindre
дувсси (3)	cuivre
дукан	manger
дукия (4)	nourriture
дулун	donner
дунгъуз (1)	porc
дунгъузрал дикI	viande de porc
дуниял (4)	monde (*terre*)
дуклай икIан	étudier
дукра (4)	nourriture / cuisine (*qu'on fait*)
дукрадуву (1)	cuisinier
дуккаву (4)	étude
дуккин ан	enseigner
дурну	fait / ayant fait (*du verbe* **бан**)
дус (1)	ami
дуснакь (3)	prison
дусшиву	amitié
дучри (3)	chevaux (*pluriel de* **чву**)
дучIан (**дуркIун**)	arriver / se produire
душ	fille
дя (4)	milieu
дягъу (4)	deuil
дяликIу (4)	selle (*cheval*) / col (*montagne*)

дянив	entre / au milieu de
дяркъу (4)	froid (*nom*)
дяркъусса	froid
дяъват	prière
дяъви (3)	guerre

Ж

жаваб (4)	réponse
жагьил-сса	jeune
жагьилшиву (4)	jeunesse
жазира (*mot arabe*)	île
жами (3)	bateau
жанава (4)	cadavre
жип (4)	poche
жира (3)	cuisse
жу	nous
жул	*génitif de* **жу**, nous
жулар (4)	bas / chaussette
жугьутI	juif
жуж (3)	brochure
жюружани (4)	chute d'eau
жям (3)	bilan / total / somme
жямат (3)	communauté de village
жяматий-сса	social / de société

З

за	nourriture / chose
забри (4)	entonnoir
зал (gén. **заннал**)	Dieu
заннал калам	Coran
заллу (1)	propriétaire
замана (3)	temps / période / époque
зана <u>б</u>икIан	revenir / rentrer / retourner
занан	marcher
занг (4)	cloche / signal / sonnerie
зарзала (4)	tremblement de terre
захIмат (3)	difficulté
захIмат-сса	difficile
заэв-сса	faible

зиву	étage
зимиз (3)	mouche
зу	vous
зузала (1)	travailleur / ouvrier
зукъази кьини	jour férié
зума (3)	limite / fin / extrémité / rive
зун	travailler
зунтту (3)	montagne
зурзу (3)	frisson (*fièvre*)
зурул	mois (*génitif sing. de* **барз**)

И

ивцIан	tuer
икIан (**бикIан / дикIан**)	être (*verbe*) / se trouver
ил (3)	peuple / gens
илвис (3)	diable / satan
илчи (1)	ambassadeur
илчихана (3)	ambassade (*bâtiment*)
иман (4)	foi / religion
ина	tu
ингилис	anglais
инжир (3)	figue
иникIма (4)	farine
инкар (2)	refus
инсан (1)	homme
инсап (4)	conscience
инт (4)	printemps
интту	au printemps / printanier
исватну	clairement / évidemment
исват-сса	clair / évident
иссиявт (3)	poivre noir
ису (3)	1. hibou / 2. borne
ита дакьин	laisser partir / relâcher
итан	laisser
итни (4)	lundi
итххявх-сса	capable / doué
иттацIани	sourcil
ихтилат	conversation

иш (3)	occupation / affaire / travail
ищун ан	blesser
иян	atteindre

K

ка (4)	main
кавав (4)	shashlyk / kebab / brochettes
кайп (3)	jouissance / satisfaction
кайп-сса	ivre
калан (3)	chou
калпуш (3)	brique
канан	manger
карамат (4)	miracle
катI (pl **катIри**)	gant
качар (3)	sucre
качарданул чIахIа	canne à sucre
каши (4)	solvabilité
каши дакъа-сса	insolvable
кашиш (1)	prêtre
каялушиву (4)	direction (*entreprise*)
квиях	à gauche
квярчI (4)	paresse
кираж (3)	chaux
кирпит	allumettes
кици (3)	jus / moût
ку (3)	mouton
куклу-сса	léger (*poids*)
кулпат (3)	famille
кумаг (3)	aide
куна / кунма	comme (*comparaison*)
куну	dit-on (*du verbe* **учин**) / ayant dit
кунцIа (3)	marais / marécage
кураг (3)	abricots secs (plur.)
куртI-сса	profond
куса-сса	imberbe
кутан (4)	charrue
кутIа-сса	court
куча (3)	rue
куя	gauche (*côté*)

куях-сса	gauche (*adjectif*)
кюру (3)	nid
кякан (3)	prune

Кк

кказит	journal (*de* gazette)
ккаккан	voir / rencontrer
ккаккан б̲ан	montrer
ккал (4)	compte
ккал б̲ан	compter / dénombrer
ккал б̲ан къашайсса	innombrable
ккалан	lire
ккаргчи (4)	dent
ккарчал хIакин	dentiste
ккаччи (3)	chien
ккаши (3)	faim
ккунук (3)	œuf
ккуркки-сса	rond (*adjectif*)
ккурч	kacha / bouillie
ккутI (4)	trou

Къ

къаван	sanglier
къавтIаву (4)	danse
къавтIала (1)	danseur
къавтIун	danser
къавурма (3)	kaurma / sauce à la viande
къаз (3)	oie
къакру (3)	sottise
къаймагъ (4)	crème
къала (3)	forteresse (*mot arabe*)
къалай (4)	étain
къалиян	kalian / narguileh / pipe à eau
къалиян тIун	fumer
къалпуз (3)	pastèque
къама (3)	blé
къантIа-сса	court
къарал (3)	garde
къарал б̲ан	garder / protéger

къаралчи (1)	gardien
къари (2)	vieille femme
къатлул	*génitif de* **къатта**
къатта (3)	maison / chambre
къахъну (3)	perdrix
къваз (3)	oie
Къирин	Crimée
къужа (1)	vieillard
къуй (4)	puits
къуллугъ	service
къун (3)	sable
къур (3)	carotte / champ
къурагь-сса	sec / desséché
къурагьшиву (4)	sécheresse
къуркьая (4)	légumes
къуртал б̲ан	finir / tuer
къуртал-сса	fini
къурталшиву (4)	achèvement
къуруш (*mot turc*)	rouble
къурхъ (4)	morceau
къуса	cuillère
къюву (4)	douleur
къюкI (4)	cœur
къюкIлил азар	maladie de cœur
къяртта	branche
къяцIа (3)	pince

Кь

кьавкьсса	sec
кьавкьан	sécher
кьай (4)	objet / chose
кьак (4)	angélique (*plante*)
кьакьа (4)	ravin
кьакьан	sécher
кьакьари (3)	gorge (*anatomie*)
кьали (3)	tonneau
кьамулну	d'accord
кьамулну бикIан	être d'accord
кьан (3)	peuple / gens

кьанкь (4) odeur
кьаркьала (4) corps
кьатI peuple
кьатIаллил иширтталсса байсса министерство Ministère des Affaires Etrangères
кьацI (3) bouche
кьилва Sud
кьимат (3) prix / coût
кьини (4) jour
кьирва Sud
кьува vingt (20)
кьукьлан couper
кьункьула serrure
Кьуран Coran
кьуру (3) corne
кьурчI (3) oseille
кьутIи (4) contrat / accord
кьювкьу-сса bon marché
кьюнукьи fraise
кьянкьасса dur
кьяпа (3) chapeau

КI
кIа (4) suie
кIану place (*lieu*) / chaise
кIалай (4) étincelle
кIалаш (4) charbon de bois
кIаралу (3) oreiller
кIи (4) hiver
кIийла deux fois
кIива deux
кIири-сса chaud
кIиришиву (4) chaleur / température
кIисса (3) doigt
кIиягу tous les deux
кIукIлу-сса doux
кIула (4) clé
кIулу (3) souris
кIунтI (3) goutte

кIура б̲аен	rentrer / revenir
кIу-сса	lourd
кIюрх (4)	matin
кIюрххилсса (4)	petit déjeuner (*nom*)
кIюрххилсса канан	déjeuner (*verbe*)
кIушиву	poids
кIяла-сса	blanc
кIялагьи	bouleau

Л

лавай	au-dessus
лавай б̲ан	monter / soulever
лавай-сса	élevé / important
лав̲гун	aller
лавкьуну бикIан	être fermé
лав̲сун	prendre
лав̲сун учIан	apporter
лав̲сун гьан	emporter
лагаву	beurre
лагма (+ *gén.*)	autour
лажин (4)	visage
лажинни(ча)	s'il vous plaît
лакку маз	langue lak
лакьан	aller
лакьин	fermer
ламу (3)	pont
лас (1)	époux / mari
ласун (лав̲сун)	prendre / acheter
лах (3)	cendre / poussière
лахъан	se lever / élever / allumer
лахьхьин	apprendre
лахьхьу	hier
лахьхьукьунну	hier soir
лачин (3)	faucon
лаччи (3)	ail (gousse)
лаччул чимус	ail (plante)
лачIа (3)	blé
лаькьа	ventre
лелуххи (3)	oiseau

лехxан	voler (*en l'air*)
леша лекьа дан	éteindre
лихъан	courir / s'enfuir
личлулну	attention !
личIан	rester
лишин	poser / placer
лиян	pourrir
лу (3)	livre
лув	en bas / sous
лугъат (3)	dialecte
лурсса (4)	litière / lit
лухIи тIутIи	raisin
лыжарду (4)	skis
лябуккан	grandir
лябукку (3)	productivité
лякъин	trouver
лякьа (4)	estomac

M

магъ (4)	queue (*d'un animal*)
магъи (4)	toit / plafond
мадара	assez
мажал (4)	possibilité
мажлис (3)	assemblée
маз (3)	langue
майдан (3)	place (*d'une ville*)
маймун (3)	singe
макь (4)	larme
малаик (1)	ange
малла (1)	mollah
мамаш (3)	poivre rouge
мангъал (4)	fer à repasser
маржан (3)	corail
марка (3)	timbre
пучрал марка	timbre-poste
мартаба	étage
мархха (3)	racine
марххала (3)	neige
марцI буллан	nettoyer

марцI-сса	propre
марцIшиву (4)	propreté
марч	vent (3)
масала	par exemple
маслихIат (3)	conseil
масъала (3)	question / problème
матта (3)	impatience
мах (4)	fer
махлукьат (3)	humanité
махмур (3)	velours
махсара (3)	plaisanterie
махъ (*postposition*)	après / derrière
махъ (3)	mot / discours
махъа	de derrière
махъва-махъмур	dernier
махъун	derrière (*adv.*)
махIаттал-сса	étonnant
махIрунсса	désespéré
мачI	toile de coton
мачча (1 / 2 / 3)	parent
мачча (4)	boisson au miel / hydromel
маша (3)	commerce
машан ласун	acheter
машачи	commerçant (*métier*)
машгъул-сса	occupé
метIцкьукьу (4)	fourmi
мечI (3)	ortie
мива	de là (à l'intérieur)
миву	là (à l'intérieur)
мизит (3)	mosquée
мий	là (en haut)
микI	glace (*froid*)
мила	de là (en bas)
миллат (3)	nation
милу	là (en bas)
минара (3)	minaret
министерство (3)	ministère
миннат (3)	demande
михь	ongle

митIикьукьу (3)	fourmi
мичIак	moustique
мия	de là (en haut)
му	celui-ci / il / elle
мудан	constamment / toujours
мукунма / мукуна	aussi
мукъузан	dictionnaire
мукъул	*génitif de* **махъ**
мукь	quatre (4)
мурад (3)	désir / but
мурадрайн нян	atteindre le but
мураппа (4)	confiture
мурахас <u>б</u>ан	libérer
мурахасшаву (4)	libération / délivrance
мурдал-сса	sale
мурлу (3)	rocher
мурхь (4)	arbre
мурцIу (3)	angle
мурчIу	aveugle (*nom*)
муси (4)	or (*métal*)
мусикъеп (4)	rougeole
музыкабищу (1)	musicien
мутта (3)	durée
муххал ххуллу	chemin de fer
мухI (3)	serpe / faucille
мухIлу (4)	ceinture
мютIий-сса	obéissant
мя (4)	crochet / agrafe
мяй	huit (8)
мякь (3)	soif
мякь-сса	assoiffé
мяр (3)	clou

Н

на	je (*nominatif*)
навт (3)	pétrole
нагь (4)	huile
оьлил нагь	beurre
най (3)	abeille

назула (4)	migraine
накь (4)	soupe
накI (4)	lait
нал	*génitif de* **му**
нан	aller (*forme durative de* **гьан**)
немец	allemand
нех (4)	rivière
нехъа (3)	avoine
нехъащу (3)	orge
неъмат (3)	bienfait / bienveillance
неъмат-сса	joyeux
нигь (4)	danger / peur / roue
нигьачIлаву (4)	menace
нигьду-сса	dangereux
ник (4)	genou
никъа (3)	talon
нину (2)	mère
нирх (3)	taxe
нис (4)	fromage
нисварти (3)	concombre
ниттил маз	langue maternelle
ниц (3)	bœuf
ницI (4)	miel
нувща (3)	mouton de plus de deux ans
нувщи (3)	pomme de terre
нуз (4)	porte (*à un battant*)
нузкьун (4)	porte (*à deux battants*)
нукIу	jadis / alors
нурчIи (4)	cadavre
нухутI (4)	soja
нюжмар	vendredi / semaine
ня (4)	cerveau

Оь

оь (3)	sang
оьбала (3)	mal (*nom*) / dommage / dégât
оьван	exprès / à dessein
оьвчаву	appel
оьвчин	appeler / inviter

оькки-сса	mauvais
оьл (3)	vache
оьллал газу	troupeau de vaches
оьна	sans travail / chômeur
оьну	mal (*adverbe*) / très
оьрватIи	grenouille
оьрму (3)	vie
оьрус	russe
оьрус аьнакIи	dinde
оьру-сса	brun
оьрчI	enfant
оьрчIан-сса	enfantin
оьт (4)	excréments / merde
оьтту (3)	sang
оьттулучу (1)	meurtrier / assassin
оьххан	manger avec appétit
оьхIалшиву (4)	méchanceté
оьцIалу (4)	variole

П

паланг	français
паланг маз	français (*langue*)
памма/ панма (3)	coton
пара (3)	fumier / cendre
паранну (4)	foudre
патир (3)	auberge, hôtel
пач (3)	four
паччахIлугъ (4)	gouvernement
пикри	pensée / idée
пикри даву	décision
пил (3)	éléphant
пиначи (1)	cordonnier
пиш (3)	sourire
пулав (3)	pilaf (*plat national du Caucase*)
пулан (1)	un tel
пуркIу (3)	fumée
пурман (3)	ordre / décision
пута	drap
пуч	poste (*bureau*)

пюрун (3)	verre (*à vitre*)
пялут (3)	chêne

Пп

ппай (3)	baiser (*nom*)
ппал (3)	étable / écurie
ппал (4)	laine
ппиринж	riz
ппу (1)	père

ПI

пIапIирус (4)	cigarette
пIуртIихал (4)	orange
пIяй тIун	briller
пIярх (3)	craquement

Р

ранг (4)	couleur
ратI (4)	gorge / lit (*d'une rivière*)
рахIат-сса	calme / tranquille
рикI (4)	hache
рищун / ришлан	frapper
уту рищун	repasser du linge
рукI	joug / fardeau
рутан	jeter
рутI (4)	foule
рутIин	verser
рухI (4)	âme / esprit
рязину	d'accord
рях	six
ряхцIал	soixante

С

савав (4)	cause
сагъ-сса	vivant / en bonne santé
сагъул	sois en bonne santé / au revoir
сагъшиву (4)	santé
сакъат-сса	fatigué

сарану	après-demain
сими (3)	soie
сина (4)	colle / résine
сиясий-сса	politique (*adjectif*)
словарь	dictionnaire
су (3)	coffre à grains
суал	question
сувра (3)	menthe
сунув (4)	grenade (*fruit*)
сур (3)	astrakan (*fourrure*)
сурат (4)	dessin / photo

Сс

сса	*cas oblique de* **ци**, quoi
ссав (4)	ciel
ссапар (3)	voyage
ссахIван (3)	savon
ссирин (3)	nervosité
ссирка (4)	vinaigre
ссихI (3)	respiration
ссу	sœur
ссудия	juge
ссурссилу (4)	moustaches
ссурссу (4)	cou
ссут (4)	automne
ссюрхъ (4)	coude
ссят (4)	heure
ссяткар (1)	horloger

Т

тав (3)	humeur / état d'esprit / caractère
тава (4)	poêle à frire
тагьар (4)	position / situation / état
талан	combattre
талихI (3)	bonheur
тамада (1)	président de banquet
тамахI (3)	appétit
тамаша (3)	spectacle / représentation
тамаша-сса	étonnant / étrange

танмал-сса	paresseux
танмихI (3)	châtiment / punition
тарап (4)	côté
тарих (3)	histoire
таржума (3)	traduction
таржума бан	traduire
таржумачи (1)	traducteur / interprète
тархъаи-сса	libre
тах (3)	lit
тачIав	un jour / jamais (*dans phrase négative*)
тива	de là / à partir de là
тикрал бан	répéter
тикку	là (*sans mouvement*)
тиккун	là (*avec mouvement*)
тилу	là en bas (*sans mouvement*)
тилун	là en bas (*avec mouvement*)
тур (4)	sabre
турт	lin
тухум (3)	clan

Тт

тта (3)	brebis
тталат (4)	mardi
ттангъа (4)	tache
ттарал (4)	peigne
ттаркI (4)	os
тти	maintenant
ттиватти	de nouveau
ттигъанну-сса	récent
ттиликI (4)	dos / foie
ттинии	jusqu'à maintenant
ттиркьюкьи (4)	perle
ттихIин	moissonner
тту	te (*cas oblique de* **на**)
ттугъ (3)	drapeau
ттукку (3)	âne
ттуккул нис	champignon
ттул	mon / ma / mes
ттурзан (4)	troupeau (*moutons*)

ттурлу	nuage
ттуру-сса	roux
ттурш	cent (100)
ттучан (3)	boutique / magasin

ТI

тIааьн (3)	goût
тIааьнну	bon (au goût)
тIавус	paon
тIайлана	tout droit / directement
тIама	bois (*matériau*)
тIар (3)	bruit / rumeur
тIарикьат (4)	confrérie soufie
тIин (3)	goût
тIитIин	ouvrir
тIивтIунма-сса	ouvert
тIун	*forme durative de* **учин**
тIуркIу	jeu
тIутIи	fleur

У

увккун икIан	sortir / quitter
увкIун икIан	venir / arriver
у<u>в</u>ну	fait / ayant fait (*du verbe* **<u>б</u>ан**)
увххун икIан	être fatigué
уква	gratuitement
уква-сса	gratuit
улча	pays / région
ур (**<u>б</u>ур**, **<u>д</u>ур**)	être (*verbe*)
уртту (4)	herbe
урша (3)	baratte / grand récipient
урчI	neuf (9)
урчIа	droit (*côté*)
урчIах	à droite
урчIвах-сса	droit (*côté*)
ус (4)	chaussure
уссал усттар	cordonnier
усттар	maître / spécialiste
усттул	table

усса	qui existe, l'être
уссу (1)	frère
утта-сса	large
утти	maintenant
уттигъанну	récemment
утту бишин	se coucher
уттулу	queue grasse de mouton (kurdyuk)
уту (4)	fer à repasser
уту ришун	repasser (linge)
ухссав	Nord
учин	dire
уччин	inhumer / enterrer
учIан	descendre

Ф

фонарь	lanterne
француз	français

Х

хавар (3)	information
хав-сса	vide (*adjectif*)
хайр (3)	utilité / profit
халича (3)	tapis
хамис (4)	jeudi
хан (1)	khan
ханлугъ (3)	khanat
харж (3)	dépenses / salaire
хатIалий	par hasard

Хх

ххайжани (3)	omelette
ххазина (3)	trésor
ххал (4)	fil à coudre
ххалаххи	aiguille
ххаллил-сса	fier
ххаллилшиву	fierté
ххарачIани (4)	scie
ххари-сса	heureux / joyeux
ххаржан (4)	poignard

ххач (3)	croix
ххвара (3)	fierté / orgueil
ххира-сса	cher
ххуйсса	beau / bon
ххуллу (3)	chemin / route
ххуллун	samedi
ххункI (3)	khinkal (*plat caucasien*)
ххуну	diaphragme
ххуржинт	sac
ххю	cinq (5)
ххютту (4)	intestin
ххялцу (4)	araignée

Хъ

хъа (4)	aile
хъама битан	oublier
хъами	**f**emmes (pl. de **щарсса**)
хъатIан	minuit
хъатIи (3)	mariage
хъахьисса	jaune
хъи	corne
хъин икIан	être hospitalier
хъинбала (3)	utilité
хъинну	très / bien
хъин-сса	bon
хъирив	à la suite / après
хъирив-сса	suivant (*dans temps*)
хъу (4)	champ
хъу дугьаву	agriculture
хъудугьу (1)	paysan / agriculteur
хъугьу (3)	toux
хъуна-сса	grand / adulte
хъунавхьучу (1)	vieillard
хъун шагьру	capitale (*ville*)
хъунама	aîné
хъунна-сса	long / allongé
хъурдаккаву (4)	fête du printemps, du premier sillon
хъус (4)	marchandise
хъюрт (4)	poire

хъюру (3)	pois
хъян	rire (*verbe*)
хъярч (3)	plaisanterie
хъяхъаву (4)	rire (*nom*)

Хь

хьул (3)	espoir
хьул бишин	mettre son espoir en…
хьюму муси	mercure
хьюму-сса	liquide (*adjectif*)
хьун	devenir / pouvoir / grandir
хьунабакьаву (4)	rencontre / visite
хьунабакьин	rencontrer
хьуну бикIан	se produire / arriver
хьунцIа (3)	marais
хъуручI	charbon
хьурхь (4)	salive
хьюлуоьрчI (3)	orphelin

Хьхь

хьхьара-сса	faible
хьхьи (3)	pigeon
хьхьири (3)	mer / tilleul
хьхьичIунмай	en avant
хьхьинчIунмай шаву (3)	développement
хьхьичI	auparavant
хьхьичIмахъ	introduction / préambule
хьхьичIун	en avant
хьхьичIухсса (4)	tablier / bavoir
хьхьу (4)	nuit
хьхьубай	nuitamment / de nuit
хьхьудяризу	minuit

ХI

хIава	poisson
хIавз (3)	bassin
хIаж (3)	hadj / pèlerinage à la Mecque
хIайван	animal
хIайп	c’est dommage

хIайп тIун	se plaindre
хIакин	docteur (*mot arabe* : ***hakim***)
хIакь (3)	salaire
хIакьмур	vérité
хIакьину	aujourd'hui
хIала бакьин	inclure
хIалал итан	pardonner
хIаллил чIун	temps de la moisson
хIан	boisson (*alcoolisée*)
хIарп (4)	lettre (*de l'alphabet*)
хIатталу	cimetière
хIачIан	boire
хIисаб (4)	compte / addition (*restaurant*)
хIисилу	ciseaux
хIукумат	gouvernement
хIурмат	respect

Ц

ца	un
цакуну	aussitôt
цал	fois
цалчинсса	premier
цанна?	pourquoi ?
цалсса	tant, pendant que
цархьхьу	avant-hier
цачIу	ensemble
цачIун бан	unir
цачIу-сса	uni
цашиву (4)	unité
ци?	quoi ?
ци-дунугу	quelque chose
цивппа (1, 2, 3)	eux-mêmes
циняв	tout / tous
цичIав	rien
цу?	qui ?
цуксса?	combien ?
цулчIа (3)	renard
цума?	Qui ? / quel ?

цума унугу	quelqu'un
цурк (3)	vol (*larcin*)
цурк бан	voler / dérober
цурку (1)	voleur
цучIав	personne (*négatif*)
цуша	ours

Цц

ццах (3)	peur
ццих (4)	diarrhée
ццу-сса	femelle
ццу-сса барцI	louve

ЦI

цIа (pl. **цIарду**)	nom / gloire
цIа дан	louer / faire l'éloge de
цIалан	couler (*eau* etc.)
цIан (4)	obscurité
цIана	maintenant
цIан-сса	sombre / obscur
цIарайх бан	griller
цIарайхдикI (4)	shashlyk (*grande brochette*)
цIу / цIву (3)	sel / feu
цIубарз	nouvelle lune / *titre de journal*
цIуку	chèvre
цIуллу-сса	bien portant
цIуму (3)	estomac de ruminant
цIун (4)	bouton (*vêtement*)
цIурихьу (3)	cuisine
цIурккучи (4)	salière
цIурукIай (4)	torche / flambeau
цIурукIуру (3)	gémissement
цIусса	nouveau
цIуххин	demander
цIуцIаву (4)	maladie
цIуши (3)	balai

Ч

ча? / чату?	d’où ?
чавахъ (3)	poisson
чавахъбугъу (1)	pêcheur
чагьар (3)	papier / lettre (*missive*)
чак (3)	prière
чан	peu
чани (3)	lumière
чаннан (4)	acier
чанну	peu / rarement
чансса	moins
чансса б̲ан	diminuer
чантI учин б̲уллан	réveiller
чара (3)	possibilité
чару (3)	pierre
чарх (3)	roue
чату?	d’où ?
чахир (4)	vin
чву (3)	cheval
чиваркI	gens / hommes
чивчусса	écrit (*participe*)
чил	autre
чимус (3)	oignon
чинар (3)	platane / hêtre
чинхъарбакъашиву (4)	indépendance
чирахъ (3)	lampe (*mot persan*)
читIу (3)	hirondelle
чичин	écrire
чу (3)	cheval
чул (3)	côté
чулу	sec
чулухалу (4)	côté
чуртту	escalier
чутту	pâté

Чч

ччаву (4)	amour
ччай дур	je préfère
ччама (3)	tasse / gobelet

ччан (3) jambe / pied
ччатI (3) pain
ччатIшахьу (1) boulanger
ччаву (4) amour
ччван désirer, aimer
ччиту (3) chat
ччурччин brûler / être incendié
ччуччия (4) combustible
ччуччу bravo !
ччяни tôt
ччя-ччяни souvent

ЧI

чIав (4) joue
чIава-сса jeune
чIавахьулу (3) fenêtre
чIава-чIава peu à peu / graduellement
чIавчIи (3) branche
чIаку (3) chevreau
чIалан voir
чIалну tard / en retard
чIал-сса tardif
чIан fond
чIапIи (3) feuille
чIара (4) cheveu
чIарав près / côte à côte
чIаравва-сса proche / voisin (*adjectif*)
чIатлу balai
чIаххучув voisin
чIаххущар voisine
чIача puce
чIенпи (4) salive
чIи agneau
чIиви-сса petit
чIикIунтIа betterave
чIила couteau / rasoir
чIимучIали (3) papillon
чIиникI (3) faux
чIиникI бишун faucher

чIира (3)	mur
чIири (3)	barbe
чIу (3)	voix / son / cri / bruit
чIуен	serrer / renforcer
чIун (4)	temps (*durée*) / date
чIявуну	souvent
чIявусса	beaucoup
чIявучил	majorité / tous
чIяй-сса	roux

Ш

шава	à la maison (*sans mouvement*)
шавай	à la maison (*avec mouvement*)
шаван	*impératif de* **хьун**, devenir
шавкь (4)	désir
шагьру (3)	ville
шай	il devient (*verbe* **хьун**)
шаймур	possible
шалан	garder / conserver
шамма (3)	chant / poésie
шамийла	trois fois
шан	trois (3)
шанан	dormir
шану (3)	sommeil / matelas / lit
шанукIаралу (4)	lit
шанул пута	drap de lit
шатта (3)	serpent
шагь (1)	shah / roi
шагьнал лачIа (3)	maïs (*blé royal*)
шаппай	à la maison (*avec mouvement*)
шива	d'ici (*provenance*)
шиву / шивун	ici (*à l'intérieur*)
ший	ici (*en haut*)
шикаят (3)	plainte / querelle (*mot arabe*)
шикку	ici (*sans mouvement*)
шиккун	ici (*avec mouvement*)
шилу	ici (*en bas*)
шин (4)	année

шинзир chaîne
шуша (4) bouteille
шюшин nettoyer / laver
шюшукьюшу (4) lessive / blanchissage
шяра (4) rue
шяравалу village

Щ

щаву (4) blessure
щак (3) soupçon
щаллу-сса plein / entier
щар (2) femme
щар дурцу-сса marié
щар (4) village
щаращи (3) source
щарсса (2) femme (pl. **хъами**)
щащан tisser
щва (3) ligne / trait
щвабукку (4) fer à repasser
щенщит (3) buis
щил *cas oblique de* **цу**, qui
щин (4) eau
щин дишаву irrigation
щирипIай toupie
щютIухх (3) *sorte de flûte*
щюллисса vert
щя-бикIан s'asseoir

Э

эбрат (4) exemple
экьи гьан couler (*eau*)
элму (4) science
эн (4) courroie
эччу (4) crête (*oiseau*)
эшкьи (4) amour / passion (*mot arabe*)
эшкьи хьун tomber amoureux

Ю

юргъа (3)	amble (*allure du cheval*)
юрухъ (3)	visite de politesse

Я

я (3)	œil
я	ou
ябан	garder / conserver
ябаву	défense
ябуллан	garder
ягу	ou
язи бугьан	choisir
язи-сса	le meilleur / chéri / préféré
яла	puis / le plus
яла гьан	partir
ялавай	en bas
ялтту	au-dessus
ялув	au-dessus
ялугьлан	attendre
янгъил-сса	faux (*adjectif*)
янгъил хьун	se tromper
янна (4)	vêtement
яну-сса	aimable / sympathique
ярагъ (3)	arme
яру (3)	lunettes / eczéma
ясир (1)	prisonnier
ятин (1)	orphelin
ятту (3)	brebis
ятIул-сса	rouge
яхша (3)	nouilles / pâtes
яхI (3)	honneur

Poterie traditionnelle lak, Balkhar

Projet de la Constitution, en lak, 1936. Composition de l'État :
Onze Républiques de l'Union avec leurs Républiques et Régions Autonomes.

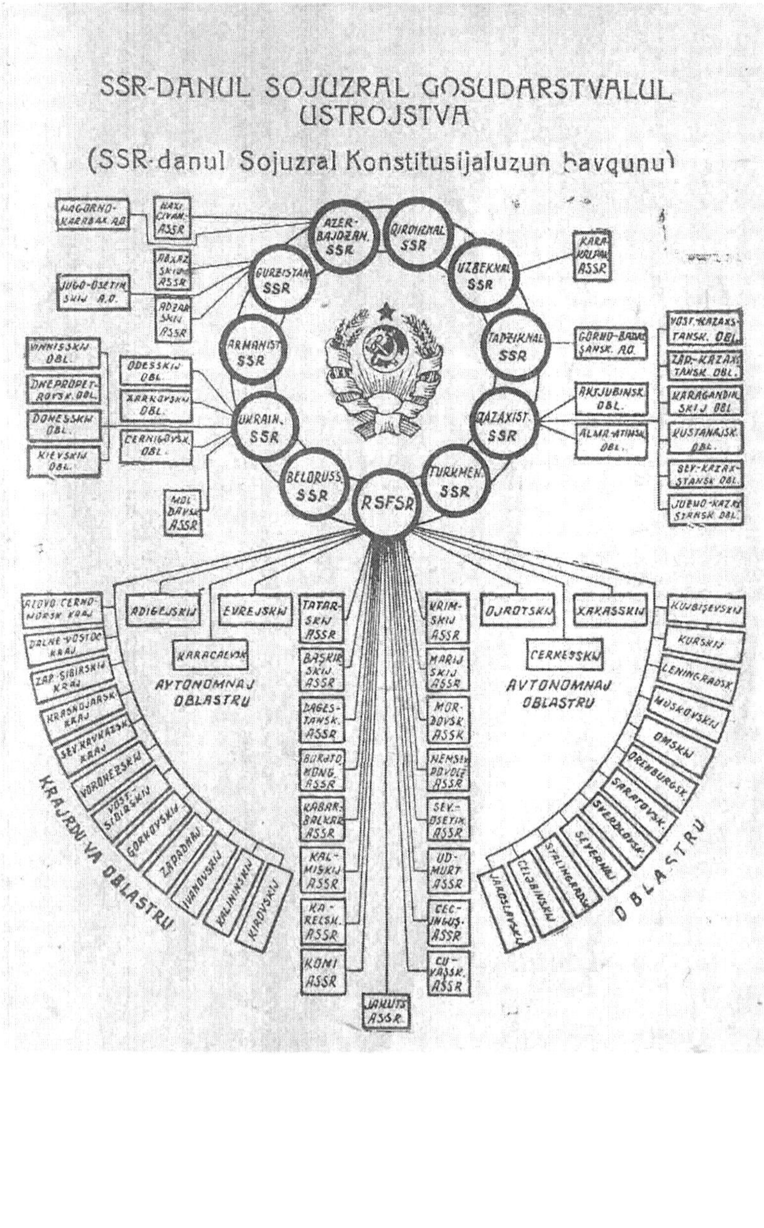

Les prénoms laks

Cyrillique	*Ajami*	Transcription	Signification
Абдуллах	عبدالله	**'Abd Allāh**	*Servant de Celui qui a la divinité*
Абдулазиз	عبدالعزيز	**'Abd al-Azīz**	*Servant du Glorieux*
Абдулбари	عبدالباري	**'Abd al-Bārī**	*Servant de Celui qui élève Sa création*
Абдулвали	عبدالولي	**'Abd al-Wālī**	*Servant de Celui qui préserve les croyants*
Абдулгапур	عبدالغفار	**'Abd al-Ghaffār**	*Servant de Celui qui pardonne*
Абдулджамал	عبدالجمال	**'Abd al-Jamāl**	*Servant du Beau*
Абдулкадир	عبدالقادر	**'Abd al-Qādir**	*Servant du Tout-Puissant*
Абдуллатип	عبداللطيف	**'Abd al-Latīf**	*Servant de Celui qui accorde Sa bienveillance*
Абдулмажид	عبدالمجيد	**'Abd al-Majīd**	*Servant de Celui qui est glorifié*
Абдулмалик	عبدالملك	**'Abd al-Malik**	*Servant de Celui à qui ce monde appartient*
Абдулмумин	عبدالمومن	**'Abd al-Mu'min**	*Servant de Celui qui donne la sécurité pour les croyants* [24]
Абдулфаттах	عبدالفتاح	**'Abd al-Fattāh**	*Servant de Celui qui à les clés du futur et de l'inconnu*

24 En l'unicité de Dieu, l'existence des anges, des livres saints (Torah, Évangile, Psaumes (Zabor) et le Coran), les prophètes, le jour du jugement et le destin.

Абдулхаким	عبدالحكيم	**'Abd al-Hakīm**	*Servant du Sage*
Абдулманап	عبدالمناف	**'Abd al-Manaf**	Manaf *fut une idole à la Ka'ba préislamique* [25]
Абдуразак	عبدالرزاق	**'Abd al-Razzāq**	*Servant de Celui qui distribue*
Абдурахман	عبدالرحمن	**'Abd al-Raḫmān**	*Servant du Clément*
Абдурасул	عبدالرسول	**'Abd al-Rasūl**	*Servant de l'Envoyé*
Абдусалам	عبدالسلام	**'Abd al-Salām**	*Servant de Celui qui procure la paix*
Абдусамад	عبدالصمد	**'Abd al-Samaḏ**	*Servant de Celui qui n'a ni semblable ni équivalent*
Абид	عابد	**'Ābid**	*Adorateur*
Абумуслим	ابومسلم	**Abū Muslim**	*Père du sauvé*
Абуталиб	ابوطالب	**Abū Tālib**	*Père du Cherchant*
Адам	آدم	**Ādam**	*Homme (hebr.* אדם *«terre»)*
Адил	عادل	**'Ādil**	*Juste*
Акбар	اكبر	**Akbar**	*Grand, Aîné*
Айша	عائشة	**'Ayshā'**	*Chemin de vie*
Али	علي	**'Alī**	*Très haut*
Алиша	عليشاه	**'Alīshāh**	*Elevé*
Амин	امين	**Amīn**	*Confiant, Gardien*
Аминуддин	امين الدين	**Amīn ad-Dīn**	*Gardien de la foi*

25 Le nom de l'arrière-arrière-grand-père du Prophète Mahomet en ligne paternelle, **Abd Manāf ibn Quṣay**.

Аминулла	امين الله	**Amīn Allāh**	*Fidèle à Allah*
Амир	امير	**Amīr**	*Gouvernant, Chef*
Амри	عمر	**'Umr**	*Vie*
Анас	انس	**Anas**	*Joie*
Анисат	انيس	**Anīs**	*Ami*
Ансар	انصار	**Anṣār**	*Compagnon, Ami du Prophète*
Ануширван	انوشيروان	**Anushirvan**	*Ame immortelle (persan)*
Арафат	عرفات	**Arafāt**	*Mont sacré près de la Mecque, lieu de la réunion des pèlerins*
Аргун	ارغون	**Argun**	*Cheval de courses*
Ариф	عارف	**'Arīf**	*Sage, Savant*
Аршад	ارشد	**Arshad**	*Aîné*
Аршак	ارشاک	**Arshak**	*Brave*
Асадуллах	اسدالله	**Asad Allāh**	*Lion d'Allah*
Атикат	عاتيكه	**Atikat**	*Arôme*
Аттар	عطار	**Attar**	*Parfum*
Афсар (тюркск.)	افشار	**Afshar**	*Chasseur habile*
Ахмад	احمد	**Ahmad**	*Glorifié*
Ахмадулла	احمدالله	**Ahmad Allāh**	*Glorifié par Allah*
Ашти	آشتی	**Ashti**	*Réconciliation*
Аюб (др. евр.)	ايوب	**Ayub**	*Pénitent (hébr. Job, אִיּוֹב)*

Аятулла	آيت الله	**Ayat Allāh**	*Marqué par Allah*
Бадруддин	بدرالدين	**Badr ad-Dīn**	*Lumière de la Foi*
Байрам	بيرم	**Bayram**	*Fête*
Басир	بصير	**Bassir**	*Clairvoyant*
Бахрам	بهرام	**Bahram**	*Victorieux*
Башир	بشير	**Bashir**	*Messager de la joie*
Бика	بيكا	**Bika**	*Maîtresse (persan), Rassasiée (turc)*
Билал	بلال	**Bilal**	*Bon*
Бунияt	بونيا	**Buniat**	*Fondement, inspiré du haut*
Бустан	بستان	**Bustan**	*Fleurs du jardin*
Вазир	وزير	**Wazir**	*Aide*
Вакиф	واقف	**Wakif**	*Informé*
Вали	ولي	**Wali**	*Ami intime*
Валиуллах	ولي الله	**Wali Allāh**	*Ami d'Allah*
Валид	وليد	**Walid**	*Enfant*
Валимухаммед	والي محمد	**Wali Muhammad**	*Saint Mohamed*
Вахид	وحيد	**Wahid**	*Unique*
Вилаят	ولايت	**Wilayat**	*Sainteté*
Гада	گدا	**Gada**	*Miséreux*
Газанфар	غضنفر	**Gazanfar**	*Lion, titre du calif Alî (urdu)*

Гази	غازي	**Gazi**	*Combattant de la foi*
Гайбулла	غيب الله	**Gaib Allāh**	*Allah invisible*
Галиб	غالب	**Galib**	*Vainqueur*
Ганжали	گنجعلی	**Gandjali**	*Fort*
Гали	غالي	**Gali**	*Riche*
Гариб	غريب	**Garib**	*Etonnant, étranger*
Гасан	غسان	**Ghassen**	*Bon*
Гирей		**Girey**	*Puissant*
Газел (турк.)	گوزل	**Guzel**	*Belle (turc)*
Гулизер	گلزار	**Gulzar**	*Fleurs du jardins*
Гулам	غلام	**Gulam**	*Garçon, fils*
Гульджамал	گلجمال	**Guldjamal**	*Sublime*
Гульнара	گلنارا	**Gulnara**	*Fleur de grenade*
Гульсара	گلسارا	**Gulsara**	*Fleur fraîche*
Дибир	دبير	**Dibir**	*Scribe (persan)*
Давлат	دولت	**Davlat**	*Bonheur, Richesse*
Давран	دوران	**Davran**	*Maître de son temps*
Дауд	داوود	**Dāwud**	*Qui prie, Aimé (hébr.)* דוד
Даниял (др. евр.)	دانيال	**Daniel**	*Jugement de Dieu (hébr.)* דָנִיֵאל
Дарвиш	درويش	**Darwish**	*Pauvre*
Дарьял	دريا	**Darya**	*Mer*

Дастан	دستان	**Dastan**	*Légende, Narration*
Джаббар	جبار	**Djabbar**	*Tout-puissant*
Джабир	جابر	**Djabir**	*Tyran*
Джабраил	جبرائيل	**Djabrail**	*Force divine (hébr.)* גַבְרִיאֵל
Джалал	جلال	**Djalal**	*Gloire*
Джамал	جمال	**Djamal**	*Beauté*
Джалил	جليل	**Djalil**	*Majestueux*
Джамил	جميل	**Djamil**	*Beau, Bon*
Джамалуддин	جمال الدين	**Djamal ad-Dīn**	*Perfection de la religion*
Джамшид	جمشيد	**Djamshid**	*Grand Sage*
Джандар	جندر	**Djandar**	*Défenseur*
Джанибек	جان بيک	**Djanbek**	*Vivant*
Джирах	جراح	**Djirah**	*Qui blesse, chirurgien*
Джахид	جاهد	**Djahid**	*Déterminé*
Дилара	دلارا	**Dilara**	*Aimante (kurde)*
Дильбар	دلبر	**Dilbar**	*Courageuse (urdu)*
Дурдана	دردانه	**Dürdane**	*Perle*
Забир	زبير	**Zabir**	*Défense, Dur*
Забат	ضابط	**Zabat**	*Qui protège*
Заде	زاده	**Zade**	*Descendant*
Зайд	زيد	**Zayd**	*Don*
Зайдулла	زيد الله	**Zaydulla**	*Don d'Allah*
Зайнаб	زينب	**Zaynab**	*Dodue*

Зайнулабидин	زين العابدين	**Zaynulabidin**	*Meilleur des prosternants*
Зайнуддин	زين الدين	**Zayn ad-Dīn**	*Perfection de la foi, parure*
Зайнуллах	زين الله	**Zayn Allāh**	*Parure d'Allah*
Зайтун	زيتون	**Zaytun**	*Olivier*
Закир	ذاكر	**Zakir**	*Qui glorifie Dieu*
Заман	زمان	**Zaman**	*Epoque, Temps*
Зал	زال	**Zal**	*Chenu*
Замир	ضمير	**Zamir**	*Interlocuteur*
Занги	زنگی	**Zanghi**	*Noir*
Зариф	ظريف	**Zarif**	*Mignon*
Зарфин	زرفين	**Zarfin**	*De l'or*
Зафар	ظفر	**Zafar**	*Victoire*
Зафарали	ظفر على	**Zafarali**	*Victoire d'Ali*
Зухра	زهرة	**Zuhra**	*Qui brille*
Зинат	زينت	**Zinat**	*Parure, Embellissement*
Зияр	زيار	**Zyar**	*Pèlerin*
Зияв		**Ziaw**	*Lumière, Rayonnement*
Зубейр	زبير	**Zubeyr**	*Fort, Intelligent*
Зумрат	زمرة	**Zumrat**	*Emeraude*
Зулкадар	ذوالقدر	**Zulkadar**	*Heureux*
Зулфин	زلفين	**Zulfin**	*Anneau*
Зухрад	زهراد	**Zuhrad**	*Rubis*

Ибад	عباد	**Ibad**	*Défenseur*
Ибайдат	عبادة	**Ibaydat**	*Prière*
Ибайдуллах	عبادالله	**Ibayd Allāh**	*Défenseur d'Allah*
Ибрат	عبرة	**Ibrat**	*Exemple*
Ибрахим	ابراهيم	**Ibrahim**	*Abraham, père des peuples* אַבְרָהָם
Идрис	إدريس	**Idris**	*Zélé*
Иззат	عزت	**Izzat**	*Puissant, Respectable*
Икрам	إكرام	**Ikram**	*Respect*
Илкин	ايلكين	**Ilkin**	*Premier*
Ильхан	ايلخان	**Ilkhan**	*Chef d'état*
Имад	عماد	**Imad**	*Soutien*
Ималуддин	عماد الدين	**Imal ad-Dīn**	*Soutien de la foi*
Имамуддин	إمام الدين	**Imam ad-Dīn**	*Représentant de la foi*
Имран	عمران	**Imran**	*Bien-être*
Инал	اينال	**Inal**	*Gouverneur, Propriétaire*
Инам	اينام	**Inam**	*Don*
Инаят	عناية	**Inayat**	*Miséricorde, Grâce*
Иса (др. евр.)	عيسى	**Isa**	*Grâce de Dieu (hébr.)* יֵשׁוּעַ
Исамуддин	عصام الدين	**Isam ad-Dīn**	*Soutien de la foi*
Исмаил (др. евр.)	إسماعيل	**Ismail**	*Entendu par Dieu* יִשְׁמָעֵאל

Исхак (др. евр.)	إسحاق	**Iskhak**	*Qui rira (hébr.)* יצחק
Ихтияр	اختيار	**Ihtiyar**	*Choix (turc)*
Иш	ايش	**Ish**	*Compagnon de route*
Кабир (Кабиротт)	كبير	**Kabir (Kabirott)**	*Grand (azéri)*
Карахан	كاراخان	**Karakhan**	*Grand khan*
Касим	قاسم	**Kasym**	*Bienfaiteur*
Катта	كاتا	**Katta**	*Grand (ouzbek)*
Кафтар (перс.)	كفتر	**Kaftar**	*Colombe (pers.)*
Кичи	كيچك	**Kitchi**	*Tout-petit*
Киши (азерб.)	كيشى	**Kishi**	*Honnête homme*
Кия	كيا	**Kya**	*Chevalier*
Кубад	قباد	**Kubad**	*Qui règne*
Кубра	كبرى	**Kubra**	*Majestueuse*
Кудрат	قدرة	**Kudrat**	*Force*
Курбанали	قربان على	**Kurban Ali**	*Sacrifié à Äli*
Кавсар	كوثر	**Kawsar**	*Généreux*
Кадыр	قدير	**Kadyr**	*Tout puissant*
Каландар	قلندر	**Kalandar**	*Sans abri, hors du monde, soufi*
Калантер	كلانتر	**Kalanter**	*Ancien*
Камил	كامل	**Kamil**	*Parfait*
Канбар	قنبر	**Kanbar**	*Servant*
Карам	كرم	**Karam**	*Générosité, Magnanimité*
Карамали	كرمعلى	**Karamali**	*Magnanimité d'Ali*

Курбанмухамме д	قربان محمد	**Kurban Muhammed**	*Sacrifié à Mohamed*
Курбат	قربت	**Kurbat**	*Parenté, Proximité de Dieu*
Куркмас	كركماس	**Kurkmas**	*Sans peur*
Куругли	كوراوغلى	**Kurugli**	*Fils du courageux*
Лаззат	لذت	**Lazzat**	*Délice, plaisir*
Латиф	لطيف	**Latif**	*Bon*
Лачин	لاچين	**Latchin**	*Faucon*
Лайла	ليلى	**Layla**	*Fleure de lys*
Лукман	لقمان	**Lukman**	*Nom du sage arabe légendaire*
Латфудин	لطيف الدين	**Latif ad-Dīn**	*Don de la foi*
Мавиа	معاوية	**Mawia**	*Monsieur*
Маджид	مجيد	**Madjid**	*Gloire, grandeur*
Маймун	ميمون	**Maymun**	*Heureux*
Максуд	مقصود	**Maksud**	*Désiré*
Майсара	ميسرة	**Maysara**	*Richesse, Abondance*
Малик	مليك	**Malik**	*Roi*
Маликат	ملكة	**Malikat**	*Renne*
Мансур	منصور	**Mansur**	*Victorieux*
Маржан	مرجان	**Marjan**	*Corail*
Марзия	مرزي	**Marzia**	*Aimée, agréable*
Маслама	مسلمة	**Maslama**	*Refuge*

Масуди	سسعودى	**Masudi**	*Heureux*
Махди	مهدي	**Mahdi**	*Conduit par Allah*
Махмуд	محمود	**Mahmud**	*Glorifié*
Мехраб	محراب	**Mehrab**	*Rayonnement du soleil*
Мубарак	مبارك	**Mubarak**	*Béni*
Мурад	مراد	**Murad**	*Désiré*
Муртаза	مرتاضه	**Murtaza**	*Élu*
Муса	موسى	**Musa**	*Moïse* משה
Мустафа	مصطفى	**Mustafa**	*Élu*
Мухаммед	محمد	**Muhammed**	*Glorifié, louange*
Мухиддин	محي الدين	**Muh ad-Dīn**	*Qui vivifie la foi*
Мухтар	مختار	**Muhtar**	*Élu*
Муштак	مشتاق	**Mushtak**	*Amoureux*
Нажмуддин	نجم الدين	**Najm ad-Dīn**	*Étoile de la foi*
Надир	نادر	**Nadir**	*Rare, Incomparable*
Назар	نظر	**Nazar**	*Clémence*
Назир	نظير	**Nazir**	*Qui avertit*
Наиб	نائب	**Naïb**	*Adjoint*
Наргис	نرگس	**Narghis**	*Yeux noirs*
Насир	ناصر	**Nasir**	*Envoyé d'ami*
Насреддин	نصرالدين	**Nasr ad-Dīn**	*Victoire de la foi*
Насруллах	نصرالله	**Nasr Allāh**	*Aide d'Allah*
Нафиса	نفيسة	**Nafisa**	*Précieuse*

Нематулла	نعمت الله	**Nemat Allāh**	*Clémence d'Allah*
Низамуддин	نظام الدين	**Nizam ad-Dīn**	*Economie de la foi*
Нияз	نياز	**Niyaz**	*Miséricorde*
Нур	نور	**Nur**	*Lumière*
Нураддин	نورالدين	**Nur ad-Dīn**	*Lumière de la foi*
Нурулла	نورالله	**Nur Allāh**	*Lumière d'Allah*
Нух (др. евр.)	نوح	**Nuh (hébr.)**	*Consolation*
Райханат	ريحانه	**Raïhanat**	*Plante odoriférante*
Рамиз (азерб.)	راميز	**Ramiz**	*Symbole, signe (azéri)*
Расим (азерб.)	راسم	**Rasim**	*Tableau, portrait (azéri)*
Расих	راسخ	**Rassikh**	*Résistant, Ferme*
Рауф	رئوف	**Rauf**	*Aimé (épithète d'Allah)*
Рафик	رفيق	**Rafik**	*Ami*
Рахмат	رحمت	**Rahmat**	*Grâce*
Рахматулла	رحمت الله	**Rahmat Allāh**	*Grâce d'Allah*
Рашид	رشيد	**Rashid**	*Qui poursuit une voie juste*
Ризван	رضوان	**Rizvan**	*Paradis*
Рустам (перс.)	رستم	**Rustam**	*Puissant*
Сунгур	سونگور	**Sungur**	*Faucon*
Сабир	صابر	**Sabir**	*Patient*
Сабрижат	صبريجاه	**Sabrijat**	*Patiente*

Садик	صديق	**Sadik**	*Ami sincère*
Садруддин	صدرالدين	**Sadr ad-Dīn**	*Chef de la foi*
Садуллах	سعدالله	**Sad Allāh**	*Âme d'Allah*
Саид	سعيد	**Saïd**	*Heureux*
Сейфуддин	سيف الدين	**Seïf ad-Dīn**	*Glaive de la foi*
Сакинат	سكينة	**Sakinat**	*Tranquille*
Саламат (перс.)	سلامة	**Salamat (pers.)**	*Prospérité*
Салих	صالح	**Salih**	*Juste*
Самира	سميرا	**Samira**	*Interlocuteur*
Сара	سارا	**Sarah**	*Souveraine (hébr.)* שָׂרָה
Саттар	ستار	**Sattar**	*Qui pardonne, épithète d'Allah*
Сафи	صافي	**Safi**	*Élu*
Сафира	سفيرا	**Safira**	*Élue*
София	صوفيا	**Sofia**	*Pure*
Сахим	سهيم	**Sahim**	*Camarade*
Сиражуддин	سراج الدين	**Siraj ad-Dīn**	*Lumière de la foi*
Сулейман (др. евр.)	سليمان	**Suleiman**	*Paisible, protégé* שלמה
Султан	سلطان	**Sultan**	*Seigneur*
Сурайя	ثريا	**Suraya**	*Riche*
Сурхаб (перс.)	سهراب	**Suhrab**	*Rubis*
Табиб	طبيب	**Tabib**	*Médecin*
Тахир	طاهر	**Tahir**	*Sans tache*
Темур	تيمور	**Temur**	*Vigoureux, Solide*

Туган	طغان	**Tugan**	*Faucon*
Турал	تورال	**Tural**	*Vivant*
Убайд	عبيد	**Ubayd**	*Insoumis*
Увайс	اويس	**Uways**	*Canneberge*
Узун	اوزون	**Uzun**	*Haut*
Умар	عمر	**Umar**	*Pèlerin*
Умид	اميد	**Umid**	*Espoir*
Уммукусум	أم كلثوم	**Um Kulthūm**	*Mère du joufflu*
Уртак	اورتاک	**Urtak**	*Le roi d'Élam (Ur, 675-664?)*
Усман	عثمان	**Usman**	*Chiropracteur*
Фазил	فاضل	**Fazil**	*Digne, excellent*
Файзуддин	فيض الدين	**Faïz ad-Dīn**	*Profitable pour la foi*
Файзуллах	فيض الله	**Faïz Allāh**	*Grâce d'Allah*
Фарадж	فرج	**Faradj**	*Joie, Consolation*
Фарид	فريد	**Farid**	*Incomparable*
Фарида	فريدة	**Farida**	*Précieuse*
Фариза	فريضة	**Fariza**	*Devoir*
Фартук	فرتوک	**Fartuk**	*Sagace*
Фаттах	فتاح	**Fattah**	*Vainqueur*
Фуад	فؤاد	**Fuad**	*Coeur*
Хабиб	حبيب	**Habib**	*Ami bien-aimé*
Хабибулла	حبيب الله	**Habib Allāh**	*Ami d'Allah*
Хадиджа	خديجة	**Khadîja**	*Prématurée*
Хайруддин	خيرالدين	**Khayr ad-Dīn**	*Bienfait de la religion*

Хаким	حكيم	**Hakim**	*Sage*
Халид	خاليد	**Halid**	*Eternel, Constant*
Халик	خالق	**Halik**	*Créateur*
Халил	خليل	**Halil**	*Ami fidèle*
Халис	خالص	**Halis**	*Sincère, Pur*
Хамид	حميد	**Hamid**	*Glorifié (épithète d'Allah)*
Харун	هارون	**Harun**	*Haut, Montagne (hébr.)* אַהֲרֹן
Хасан	حسن	**Hasan**	*Bon*
Хатам	حتام	**Hatam** حطام	*Chef, Seigneur*
Хидаят	هدايت	**Hidayat**	*Commandement*
Халомат	حليمة	**Halîma**	*Noble*
Чингиз	چنگيز	**Gengis**	*Grand, Puissant (mongol)*
Чулпан	چولپان	**Tchoulpan**	*Etoile du matin, Vénus (turc)*
Шайхали	شيخ علي	**Sheikh Ali**	*Sheikh Ali*
Шамсуддин	شمس الدين	**Shams ad-Dīn**	*Lumière de la religion*
Шамиль	شامل	**Shamil**	*Qui comprend (turc, azéri)*
Шарафуддин	شرف الدين	**Sharaf ad-Dīn**	*Grandeur de la foi*
Шариф	شريف	**Sharif**	*Grand, noble*
Шафи	شافي	**Shafi**	*Protecteur*
Шахид	شهيد	**Shahid**	*Martyr de la foi*
Шахимардан	شاهمردان	**Shahimardan**	*Roi des hommes*

Шахназар	شاه نظر	**Shahnazar**	*Roi du regard*
Шахсанам	شاه صنم	**Shahsanam**	*Roi du pouvoir*
Ширин	شيرين	**Shirin**	*Mignonne*
Шихаб	شهاب	**Shihab**	*Foudroyant*
Шихабуддин	شهاب الدين	**Shihab ad-Dīn**	*Lumière de la foi*
Шукрулла	شكرالله	**Shukr Allāh**	*Remerciement d'Allah*
Эльдар	الدار	**Eldar**	*Chef*
Эфенди	افندی	**Efendi**	*Seigneur*
Юнус	يونس	**Yunus**	*Colombe (hébr. Jonas)* יוֹנָה
Юсуф (Иосиф — др. евр.)	يوسُف	**Yusuf**	*Qui prolifère (hébr. Joseph)* יוֹסֵף
Язид	يزيد	**Yazid**	*Qui augmente*
Якуб	يعقوب	**Yakub**	*Qui suit à la trace (hébr. Jacob)* יעקב
Яминуддин	يمين الدين	**Yamin al-Dīn**	*Bras droit de la foi (persan)*
Яраш	ارث	**Yarash**	*Héritier* יָרַשׁ
Яхья (др. евр.)	يحيى	**Yahya**	*Qui donne la vie (hébr.)* יוחנן

Source cyrillique « История лакского народа », Р. Маршаев, Б. Бутаев, 1991

Nombres Аьдад

Цава - УрчIва	АцIния
0 Ноль ягу Нуль	10 АцIва
1 Цава (Ца)	11 АцIния цава
2 КIива	12 АцIния кIива
3 Шанма (Шамма)	13 АцIния шанма
4 Мукьва	14 АцIния мукьва
5 Ххюва	15 АцIния ххюва
6 Ряхва	16 АцIния ряхва
7 Арулва	17 АцIния арулва
8 Мяйва	18 АцIния мяйва
9 УрчIва	19 АцIния урчIва
Кьуния	**Зувиллий**
20 Кьува	30 Зувива
21 Кьуния цава	31 Зувиллий цава
22 Кьуния кIива	32 Зувиллий кIива
23 Кьуния шанма	33 Зувиллий шанма
24 Кьуния мукьва	34 Зувиллий мукьва
25 Кьуния ххюва	35 Зувиллий ххюва
26 Кьуния ряхва	36 Зувиллий ряхва
27 Кьуния арулва	37 Зувиллий арулва
28 Кьуния мяйва	38 Зувиллий мяйва
29 Кьуния урчIва	39 Зувиллий урчIва
МукьцIаллий	**ХхюцIаллий**
40 МукьцIалва	50 ХхюцIалва
41 МукьцIаллий цава	51 ХхюцIаллий цава
42 МукьцIаллий кIива	52 ХхюцIаллий кIива
43 МукьцIаллий шанма	53 ХхюцIаллий шанма

44 МукьцIаллий мукьва	54 ХхюцIаллий мукьва
45 МукьцIаллий ххюва	55 ХхюцIаллий ххюва
46 МукьцIаллий ряхва	56 ХхюцIаллий ряхва
47 МукьцIаллий арулва	57 ХхюцIаллий арулва
48 МукьцIаллий мяйва	58 ХхюцIаллий мяйва
49 МукьцIаллий урчIва	59 ХхюцIаллий урчIва
РяхцIаллий	**АрулцIаллий**
60 РяхцIалва	70 АрулцIалва
61 РяхцIаллий цава	71 АрулцIаллий цава
62 РяхцIаллий кIива	72 АрулцIаллий кIива
63 РяхцIаллий шанма	73 АрулцIаллий шанма
64 РяхцIаллий мукьва	74 АрулцIаллий мукьва
65 РяхцIаллий ххюва	75 АрулцIаллий ххюва
66 РяхцIаллий ряхва	76 АрулцIаллий ряхва
67 РяхцIаллий арулва	77 АрулцIаллий арулва
68 РяхцIаллий мяйва	78 АрулцIаллий мяйва
69 РяхцIаллий урчIва	79 АрулцIаллий урчIва
МяйцIаллий	**УрчIцIаллий**
80 МяйцIалва / МяйцIала	90 УрчIцIалва / УрчIцIала
81 МяйцIаллий цава	91 УрчIцIаллий цава
82 МяйцIаллий кIива	92 УрчIцIаллий кIива
83 МяйцIаллий шанма	93 УрчIцIаллий шанма
84 МяйцIаллий мукьва	94 УрчIцIаллий мукьва
85 МяйцIаллий ххюва	95 УрчIцIаллий ххюва
86 МяйцIаллий ряхва	96 УрчIцIаллий ряхва
87 МяйцIаллий арулва	97 УрчIцIаллий арулва
88 МяйцIаллий мяйва	98 УрчIцIаллий мяйва
89 МяйцIаллий урчIва	99 УрчIцIаллий урчIва

1re classe (*cent hommes*)	2e classe (*cent femmes*)
ттурша адамина	**ттуршра щарсса**
3e classe (*cent filles, cent jeunes femmes*)	4e classe (*cent roubles* **100 Руб**)
ттуршва душ	**ттуршра къуруш**
200	
кІиттурша адамина	**кІиттуршра щарсса**
кІиттуршва душ	**кІиттуршра къуруш**
300	
шанттурша адамина	**шанттуршра щарсса**
шанттуршва душ	**шанттуршра къуруш**
400	
мукьттурша адамина	**мукьттуршра щарсса**
мукьттуршва душ	**мукьттуршра къуруш**
500	
ххюттурша адамина	**ххюттуршра щарсса**
ххюттуршва душ	**ххюттуршра къуруш**
600	
ряхттурша адамина	**ряхттуршра щарсса**
ряхттуршва душ	**ряхттуршра къуруш**
700	
арулттурша адамина	**арулттуршра щарсса**
арулттуршва душ	**арулттуршра къуруш**
800	
мяйттурша адамина	**мяйттуршра щарсса**
мяйттуршва душ	**мяйттуршра къуруш**
900	
урчІттурша адамина	**урчІттуршра щарсса**
урчІттуршва душ	**урчІттуршра къуруш**

1000	
азара адамина	**азарда щарсса**
азарва душ	**азарда къуруш**
2000	
кIиазара адамина	**кIиазарда щарсса**
кIиазарва душ	**кIиазарда къуруш**

Abakar Mudunov (1918), écrivain lak, enseignant
Абакар Алиевич Мудунов
Photo Ruslan Bashaev

Minaret à Untchukatl
photo Patima Kardashova

Un programme du Festival en Italie en 1998
Quatrains laks, de et par **Ширвани Чалаев**

Bibliographie

Сборник материалов для описания местностей и племен Кавказа, NN°° 1-39, édition du Département de la circonscription d'études du Caucase, Tiflis (Tbilissi), 1881-1908

Сборник сведений о кавказских горцах, NN°° I-IX, édition du Gouvernement des montagnes Caucase, Tiflis, 1868-1873, 1876

Петр Услар, *Грамматика лакского языка*, Tbilissi, 1890

Г. М. Гаджиев, *Русско-лакский школьный словарь*, édition Дагучпедгиз, 1958, Makhatchkala

Collectif, *Les Peuples du Caucase*, Académie des sciences, Moscou, 1960

С. М. Хайдаков, *Очерки по лексике лакского языка*, édition de l'Académie des Sciences de l'URSS, Moscou, 1961 Khaïdakov, Essai du lexique lak, Académie des Sciences, Moscou 1961.

С. М. Хайдаков. *Лакско-русский словарь*, édition de l'Académie des Sciences de l'URSS, Moscou, 1962

K. Vertkov, G. Blagotatov, E. Yazovitskaya, *Atlas d'instruments de musique des peuples de l'URSS*, Muzgiz, Moscou, 1963

Г. Б. Муркелинский, *Грамматика лакского* языка, édition Дагучпедгиз, Makhatchkala, 1971

Рамазан Маршаев, Бута Бутаев, *История лакского народа*, 1991

Н. С. Джидалаев, *Русско-лакский словарь*, édition de la filiale de l'Académie des Sciences de l'URSS, Moscou, 1987 ; Дагучпедгиз, Makhatchkala 1994

Языки Дагестана, под общей редакцией профессора Г. Гамзатова, éditions de l'Institut linguistique « Gamzat Tsadassa », auprès de l'Académie russe des sciences, Makhatchkala-Moscou, 2000

Абакар Мудунов, *Лакку мазрал существительнирду (сакин шаву)*, Makhatchkala, 2000

Халил Халилов, *Лахъхьи вила ниттил маз (Лакку маз лахъхьинсса дарсру)*, à l'Imprimerie du Ministère des relations extérieures et politique nationale du Daghestan, Makhatchkala, 2002

Collectif, *Les peuples du Daghestan*, Institut ethnographique Mikloukho-Maklaï, Moscou, 2002

Эса Аьбдуллаев, *Лакку мазрал орфографиялул словарь*, édition du Daghestan, Makhatchkala, 2005

Миясат Рамазанова, Л*акско-русский фразеологический словарь*, Makhatchkala, 2005

Саид Каммаев, Ле*гендарная Лакия, краткий энциклопедический справочник о Лакии и о Лакце*х, том I, Makhatchkala, 2006

И. Х. Абдуллаев, *Лакский язык в историко-сравнительном освещении (Морфология)*, Institut de Langue, Littérature et d'Art « Gamzat Tsadassa », Makhatchkala, 2007

Сулейман Мусаев, *Лакку дуниял (ниттил мазрал лу)*, Makhatchkala 2009

Виктор Фридман, О*черки лакского язы*ка, Institut linguistique Gamzat Tsadassa, auprès de l'Académie russe des sciences, Makhatchkala, 2011

Couverture : Baptiste Hersoc, *Le Soleil*, d'après le motif du tissu traditionnel lak. Ouvrage calligraphique « *LAK* لک » par Bahman Panahi

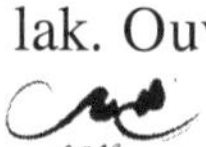

Table des matières

Langues
aux éditions L'Harmattan

PARLONS SHOR – Langue turcique de Sibérie
Daniyarova Saodat, Daniyarova Barchinoy, Daniyarov Shodiyor
Le peuple shor fait partie de la grande famille turque. Il habite la Sibérie orientale, à l'est du lac Baïkal, dans l'important district de Kemerovo, au Kuzbass. Le nombre de locuteurs est de l'ordre de 15 000 personnes, soit 0,4% de la population du district. Cet ouvrage est le premier en français sur ce peuple qui mérite d'être mieux connu.
(Coll. Parlons..., 19.00 euros, 192 p.) *ISBN : 978-2-296-96497-6*

PARLONS BOURIATE – Russie-Baïkal
Druon Galina
La Bouriatie est l'une des 21 républiques de la Fédération de Russie. Elle est située autour du célèbre lac Baïkal. Le bouriate, langue proche du mongol, parlé par 28 % de la population d'environ un million d'habitants, est menacé par le russe, également officiel au sein de la République. Toutefois, un renouveau d'intérêt pour la culture et les traditions bouriates est nettement perceptible depuis quelques décennies.
(19.00 euros, 190 p.) *ISBN : 978-2-296-56994-2*

GRAMMAIRE DU MASHI
Phonologie, morphologie, mots grammaticaux et lexicaux
Bashi Murhi-Orhakube Constantin
Le mashi est une langue bantoue parlée en République Démocratique du Congo dans la province du Sud-Kivu. Le nombre de locuteurs, estimé à 5000 en 1975 a certainement doublé, voire triplé en 30 ans dans cette région la plus peuplée du pays. Cette langue constitue un moyen de communication intra-ethnique, familiale, des masses populaires les moins scolarisées et les moins urbanisées. Par elles passent les relations entre l'administration locale et la population.
(17.00 euros, 176 p.) *ISBN : 978-2-296-56828-0*

ALBANAIS (L'), UNE LANGUE EN MOUVEMENT
Dynamique de la variation sociolinguistique
Haxhiaj Lianda - Préface de Jean-François P. Bonnot
Le chaos politique et économique de l'Albanie postrévolutionnaire a agi comme un révélateur d'inégalités sociales. Les anciens principes qui structuraient l'État ayant été mis à bas, les références comportementales ont commencé à faire défaut, créant une situation d'instabilité à tous les niveaux, en particulier sur le plan de l'usage linguistique. Cet essai s'attache donc à mettre en lumière les modalités du changement phonético-phonologique appréhendé dans sa dimension sociolinguistique.
(27.50 euros, 266 p.) *ISBN : 978-2-296-97010-6*

L'HARMATTAN, ITALIA
Via Degli Artisti 15; 10124 Torino

L'HARMATTAN HONGRIE
Könyvesbolt ; Kossuth L. u. 14-16
1053 Budapest

ESPACE L'HARMATTAN KINSHASA
Faculté des Sciences sociales,
politiques et administratives
BP243, KIN XI
Université de Kinshasa

L'HARMATTAN CONGO
67, av. E. P. Lumumba
Bât. – Congo Pharmacie (Bib. Nat.)
BP2874 Brazzaville
harmattan.congo@yahoo.fr

L'HARMATTAN GUINÉE
Almamya Rue KA 028, en face du restaurant Le Cèdre
OKB agency BP 3470 Conakry
(00224) 60 20 85 08
harmattanguinee@yahoo.fr

L'HARMATTAN CAMEROUN
BP 11486
Face à la SNI, immeuble Don Bosco
Yaoundé
(00237) 99 76 61 66
harmattancam@yahoo.fr

L'HARMATTAN CÔTE D'IVOIRE
Résidence Karl / cité des arts
Abidjan-Cocody 03 BP 1588 Abidjan 03
(00225) 05 77 87 31
etien_nda@yahoo.fr

L'HARMATTAN MAURITANIE
Espace El Kettab du livre francophone
N° 472 avenue du Palais des Congrès
BP 316 Nouakchott
(00222) 63 25 980

L'HARMATTAN SÉNÉGAL
« Villa Rose », rue de Diourbel X G, Point E
BP 45034 Dakar FANN
(00221) 33 825 98 58 / 77 242 25 08
senharmattan@gmail.com

L'HARMATTAN TOGO
1771, Bd du 13 janvier
BP 414 Lomé
Tél : 00 228 2201792
gerry@taama.net

46099 - juin 2012
Achevé d'imprimer par
1livre.com
du rêve à la réalité !